盛开 Bloom

NEW CONCEPT

95后新概念

在丢失睡眠的夜里等你

方达 主编

长江出版传媒 湖北教育出版社

目　录 Contents

梦吴越

兼春远

烟火迟

惊初见

声声慢

作者简介

张子墨 1998年生于南方小城。于我而言，写作是一种强烈的愿望，我欲把它引入我的执念之中。

曾是第十六届、第十七届新概念作文大赛获奖者。

卓奇文 1982年生，广东作家协会会员。2001年开始创作小说，作品散见于《芳草网络文学选刊》《作品》等，目前出版了《爱恋水彩画》等多部长篇小说。

李　雪 八〇后，作品散见于某些杂志及新概念书籍。目前，写作占据了我大半个生命。我在南方，喜欢安静，亦喜喧闹，并希望一直在南方，然后一直张望，一直走在不停地寻找幸福的路上。

曾获新概念作文大赛二等奖。

封　尘 真名王永强，生于1992年。小说手艺人，《格言》签约作者。在《萌芽》《青年文摘》《格言》《知音女孩·新小说》《美文》《读友》《中学生百科》等杂志发表文章四十余万字。曾获第二届、第四届全国高校文学大赛小说组优秀奖，两届新概念作文大赛奖项。

乐　康　笔名莫诺，1992年生。北京光线传媒签约作者，武汉作家协会会员，出版有诗集《我突然记起你的脸》。曾任《湖北画报》杂志编辑。作品载于《诗刊》《青年文学》《青年文摘》《意林》《美文》《南方文学》《延河》《山东文学》《中国诗歌》《星星》《诗选刊》《散文诗》《岁月》《青春美文》《草原》等报刊。

曾获第五届“突围诗歌奖”年度新锐诗人奖、第十三届“中国少年作家杯”一等奖、第十二届新概念作文大赛二等奖等诸多奖项。

李馨雨　曾获第十七届新概念作文大赛二等奖。

徐　衎　巨蟹男，小说爱好者，生于浙江金华。对于现实有着忽冷忽热的兴趣和反应，努力尝试多种文字风格的创作。喜欢陈染私语似的写作，也喜欢苏童专属的文字氛围，对杜拉斯敬而远之，对昆德拉拜倒辕门。在文学的路上，始终在踽踽独行、上下求索，喜欢在《雨的印记》《小步舞曲》等钢琴曲中写作，写作方式日趋矫情，但对文字始终赤诚满腔，信奉上帝保佑吃了饭的人们。短篇刊于《上海文学》《青年文学》《长江文艺》《四川文学》《最小说》《文艺风象》《萌芽》《散文诗》《作品》《读者校园版》等。现为浙江省作家协会会员，入选2015年浙江省第三批“新荷计划青年作家人才库”。

获得第十一届、第十二届新概念作文大赛一等奖。

紫子非鱼　女，喜欢文字，爱音乐，想将万水千山走遍，看清晨的第一缕阳光，看路边数着零钱的卖菜小贩，看路边的银杏树，看随风飘落的花瓣……

张　原　出生于1989年，第十三届新概念作文大赛获奖者。

吴诗琪　笔名慕辰，出生于1993年。

曾获第十五届新概念作文大赛二等奖。

郛龙飞　1993年9月生于浙江桐乡，就读于浙江工业大学。热爱写作与阅读，创作小说、散文、诗歌。
曾获第十三届新概念作文大赛二等奖。

陈少贤　广大喜好写作的平凡青年中的一员。对许多事物有着美妙的感触，却又常苦于笔力不能把它们更好地展现，因此，每逢一句妙语便能兴奋到手舞足蹈。希望能在未来的人生路上遇见更多更美的文字，如果其中能有自己的一两抹痕迹，便会无限幸福。

刘桂珠　笔名海心，女，九○后自由写作者，广东揭阳人。毕业于广州番禺职业技术学院电子商务专业。喜欢看书写作，大学期间在校报上发表过十多篇文章。作品散见于《中国文学》《当代作家》《盛开》等。现居广东广州，从事文案策划工作。

周苏婕　青年写手，以小说和剧本为主。台湾华研国际音乐第八届词曲创作大赛作词组十强。
获得第十五届新概念作文大赛一等奖，第十二届新概念作文大赛二等奖。

孟祥磊　生于1992年4月，热心且杂食的读者，偶尔文艺的学术僧一枚，相信任何表达都是一场带着成见的冒险。青年作者，台湾华研国际音乐第八届词曲创作大赛作词组十强。
获得第十四届、第十五届新概念作文大赛二等奖。

栀　紫　原名吉青子，旅行作者，业余摄影师，WSET品酒师。

陆俊文　男，毕业于厦门大学中文系，上海最世文化发展有限公司签约作者，曾在《萌芽》《最小说》等刊物发表文章，已出版小说集《我在，孟特芳丹酒吧》。喜欢的作家有太宰治、赫塔·米勒、托宾，喜欢的导演有费里尼、寺山修司、娄烨。梦想有朝一日能辞掉工作，云游四方。
曾获第十三届、第十四届、第十五届新概念作文大赛一等奖。

辚　啸　原名李晓彬，湖北襄阳人，喜欢写些随笔、诗歌并乐在其间，无甚追求，以此交友、畅游。

周齐林　籍贯江西，广东省作家协会会员，东莞文学艺术院第四届创作项目签约作家，作品散见于《作品》《鸭绿江》《北京文学》等刊物。曾获第四届在场主义散文奖新锐奖，著有小说集《像鸟儿一样飞翔》和散文集《心怀故乡》。

段立文　笔名李未央，1996年的夏天生于济南，是一个非常随和的事儿妈，非文艺青年。具有双子座一切特征，喜欢旅行、摄影、读书、冒险、写不像小说的文字。

第十七届新概念作文大赛获奖者。

荣嘉奇　第十三届新概念作文大赛获奖者，杂志期刊写手。生于1992年冬天，水瓶座姑娘，安静、低调、善良，易受骗。从不把自己当作一个写作者，而是一个讲故事的人，希望自己的故事可以温暖很多人。

袁　岚　笔名巫小诗， 曾获2014年《读者·原创版》年度新锐作者奖、第十五届新概念作文大赛二等奖、第五届《人民文学》高校文学赛小说组优秀奖、台湾第三届“关怀陪伴”征文比赛二等奖等奖项，作品散见于《读者》《意林》《青年文摘》等刊物。

蒋　奔　巨蟹座，性情温顺。曾获第十六届新概念作文大赛二等奖、第十七届新概念作文大赛入围奖，入围第二届超级明星新人选拔赛全国五十强、首届新蕾杯作文大赛全国二十强。

无寻处

我们经历着生活中突然降临的一切，毫无防备，就像演员进入初排。如果生活中的第一次彩排便是生活本身，那生活有什么价值呢？

——米兰·昆德拉

川 流 不 息

文/张子墨

我又站在了这里，像许多年前那样。

当风吹过来的时候，我就闭上眼睛去听。

谨以此文献给郭同学

小川说，在很久之前，我们学校门口那条紫藤花廊的尽头是有两棵树的。

但这两棵树到底叫什么名字，长什么样子，他也记不清楚了。因为这两棵树的存在比他说的这句话还要久远。

而他说出这句话也已经是七年前的事了。我却还记得，并且记得清清楚楚，他的眼神、动作和笑容，一切的一切，都像是一团再分明不过的雾。

陈梦对我的浑蛋记性并不表示惊讶。当某天我们一同坐在大马路牙子上晃荡着腿时，她突然指着来来往往的车说："看，这就叫川流不息呀。"

她停顿了一下又对着我说："你喜欢小川七年，也真是'川流不息'了。"

我转过头，乐了。

按照我妈和老师的话来说，我就是颗石头，而且是颗特别的石头。因为我不仅犟，而且特别犟。我承认自己倔强，却不喜欢石头这个比喻，这比喻很俗，也并不恰当。我更喜欢把自己的倔强比作细水长流，源源不断，切不了也流不尽，连石头也对它无可奈何。而对于小川，尽管我俩直到现在都才只说过一句话，但并不妨碍我将这细水在他身上倔强地流下去，一流就流了这么多年。

而我由此才真正体悟到我的确是个固执得不可思议的家伙，换句话来说就是专一得一塌糊涂。

其实关于小川，有很多事情我记得都并不清晰，尤其是在我的年少阶段。我是从小学开始喜欢他的，直到现在。但是我并不知道小学的我是如何知道了他的存在，又是如何喜欢上了他的。这一切都仿佛是自然而然发生的，我所知道的仅仅是从那时候到现在，我一直都在坚定不移、莫名其妙地喜欢着他，算起来也已经有七八年了吧。

闲着无聊的时候翻开小学时候的日记本，还能看到我当时用歪歪扭扭的汉字写下的矫情话语：你是我喜欢的第一个人，也真的希望，你会是永远的最后一个。

然后我的眼前就浮现出了他那时候的样子，虎头虎脑，稚气十足。念小学的时候，我在四班，小川在五班，每天早上出操的时候我都能看见他站在队伍中间，眼睛明亮，一脸正气。他这一脸干干净净的认真，从小到大都未改变过。

当陈梦好奇地问我是从什么时候开始对他产生这种暗暗的情愫的时候，我思考了很久。如果硬要给我的喜欢加上一个时间节点的话，那么我想五年级的那一天大概能算是吧。虽然在那之前我应该就对他有点儿好感了。

那天我大概是要去老师办公室拿什么东西，去得太早了，只好百无聊赖地等候。办公室的窗子向外看出去就是操场，我那时候还没有近视，所以能轻而易举地看见操场上拖着身体不情愿跑步的小男生、小女生们，以及后面吹着哨一脸严肃的体育老师。我站在办公室门口刚进来的地方，门旁边摆了一张旧课桌，桌子上放着一个淡蓝色的半透明水盆，盛了清清亮亮的水。旧课桌上方的墙壁上挂着教师守则。正当我仰着头一字一句地默念时，小川推开门走了进来，我一转身便和他打了个照面。小川将门轻轻关上，我站在他旁边有点紧张，不知道应该侧身让开还是怎样，总之我只是愣头愣脑地站着，看着他。他那时候并不是很高，所以我是正对着他的眼睛的，我也是后来才知道，这双眼睛中那条清亮的河流会让我在日后的各种时刻都无数次地想起，再无数次自由自在地纵身跃入。后来他对着窘迫呆立的我笑了笑，走了过去。他从我身后经过的时候，我只记得自己是低着头的，记忆中桌子上那盆清清亮亮的水，映出了我的缥缈。

那一天后又发生了什么我也记不太清了，当我走出办公室时，窗外操场上的孩子正跑完了步兴高采烈地扯着红领巾玩游戏。

“你为什么喜欢小川？”陈梦又问我。

我想了想说，也许是因为我从没见过像他那么干净的男孩子吧。你知道，小学时候的男生大多都像只猴子。当腼腆的小川用他干干净净的眼睛和笑容对着我时，我大抵就明白了什么才叫作男孩子。

这样的理由好像并不可靠，而这样的记忆本身也就像是一场梦。当我把这些讲述给她听的时候，连自己也觉得恍惚，好像这一切都不过是我想象的一个片段，由于被我想象了太多次而变得真实。

而在这之前和之后的日子里，我和他都再没有过什么交集了。初中的时候我们并不在一个学校，对于我们没能共同拥有的这三年，我始终耿耿于怀。直到初二上学期，我才又见到了小川，在他老师开设的辅导班上。他还是那副干干净净的模样，大眼睛浓眉毛，只是个子长得飞快，人也变瘦了。我就坐在小川的斜后方，上课时抓着笔偷偷看他因为头发剃得太短而发青的头皮，下课时听他把自己的头作为赌注和别人兴高采烈地打赌选择题的正确选项。但我依然没敢和他说一句话，只是偷偷把他的各种样子都记得牢牢的。他的这些样子加上以前的那些样子，在我心中逐渐形成了一片浓重的影子，铺天盖地的。

而通过在补习班的这些日子，我知道了小川的成绩非常好，他一定能够考上我们市里最好的那所高中的提前招——对于他的优秀，我一直毫无理由地深信不疑。于是就像那些滥俗的青春小说和电影中的桥段一样，我这么一个吊儿郎当靠着一点智商在初中嬉笑度日的家伙，为了他也一改懒惰本性，在那些奋战的夜晚不停地刷着初中竞赛题，一本又一本，只为了一个目标——和他一起上提前招。在南方阴冷的大冬天里还每天坚持写到午夜十二点钟，然后再拖着身体爬上床，心满意足地调好早上五点钟的闹钟后倒头就睡，睡前还不忘记傻了吧唧地对着空气攥着拳头笑着说加油，整个人就像绷着一根弦，难受得要命，也被自己感动得要命。实在坚持不下去的时候，我就逼自己在心里想想和小川成为同学的情景，或是看看窗外的天空，想着他一定也和我一样看过了我所看过的这片天空，我们其实是在一起的。这样一想，我就快乐许多，也充满了“非这样不可”的勇气。

很多时候，他虚幻的在场都给了我莫大的安慰，让我能够攥紧了拳头，继续让自己像个小马达一样转下去！

而这段故事的结局却是不堪回首的：最终我因为0.1分的差距而没有了资格。但很奇怪，我好像并没有那么难过，连妈妈都对我的冷静感到惊讶。我记得考完试出结果的那天，是四月中旬，我刚过生日。我攥着小拳头在电脑前刷网页，在看到小川的名字出现在列表里的那个瞬间，我心里突然松了一口气，莫名快慰，就像孩子赢了赌注般高兴。

什么期待什么后悔啊，一下子就全都扔了，掷地有声。

陈梦问我，你这懒人拼了那么久，就为了一个可能性，最后还没考上，累吗？

该怎么说呢？我好像总是习惯性地将小川摆在我每一个选择的前面，然后才能为自己的不坚定和没耐心找到一个坚持的理由。我不愿意承认，但我得说，从那时到现在，在很多时候，我并不完全是我想的那样为了他努力，而好像是在为了自己而努力。但想起他的时候，我会有一种莫名其妙的崇高感，然后不再犹疑。

而我现在闭上眼能够马上想起的，是他右脸颊上的那颗痣，是他两只样子有点不同的耳朵，是他笑起来时会在靠近尾端的地方出现一个向上突出的棱角的眉毛。

这些样子我大概是不会忘记了，它们在我心中被反复磨洗，终于成了一个锃亮的金属球。

我在对着陈梦回忆这些的时候已经是高中了。虽然他在实验班一班，我在五班，但我也很满足了。当我在一班门口背靠着栏杆和陈梦聊天的时候，就能看见小川在教室里安静地踱着步，他依旧发青的头皮在窗户那儿时隐时现，而我踮起脚就能看见他依旧干干净净的脸。

陈梦那时也是通过提前招进的一班，她拍着手告诉我，小川是一个学物理竞赛的典型理工男，特别腼腆特别羞涩，连女生问他问题时他的手都会颤抖。她拍拍我的肩，一脸严肃地对我说："姐们儿，他这么木讷，你任重而道远啊。"我却在心里忍不住乐开了花，认认真真地点着头赞叹道："好事，好事。"

不过据我长年累月的观察，小川其实并没有陈梦讲的那么木讷，只是他的干净单纯让他在一群活蹦乱跳的少年中显得有那么一点格格不入，好像一直以来都是那个我记忆中的少年。每每我看着他时，总觉得有种莫名其妙的感动。就好像是你走了那么多年的路，回过头来看，总还有什么是永远都在的。像我的喜欢，像我所喜欢的那样一个他。

也许是因为他是学物理竞赛的，于是我对物理也怀有了近乎虔诚的热爱。可惜的是，并不是人人都能成为物理天才的，就算我很努力地去琢磨那些奇奇怪怪的力，脑海当中浮现的却总是小川生动的脸，他做物理题的样子一定帅出了全宇宙。于是我后来还是走了文科这条路。当然这都是后话了。

上了高中之后我好像又回到了小学时能天天看见他的日子。我们的班级隔得并不远，在每天早上出操时，我还是会像以前那样四处搜寻他的影子。可惜高个子的小川总是站在他们班队伍的末尾，而我则站在我们班队伍的前端。穿过好多好多颗人头，才能看见他。然后我就会飞快地转回去，佯装四处张望的样子傻笑。但我的目光已经失去了对焦的能力，全部只剩下他了。看他的每一秒里他所有细微的变化，我好像都能默念出来。

感谢教室地理位置的优越性，每天一到饭点，只要我倚在教室后门那儿，就能轻而易举地看到小川迈着长腿从楼上冲下来。这时我就会充满心机地马上背上书包，拉起同学穿过重重人海跟着他向食堂进发。

我的侦探能力在这个时期也达到了人生巅峰。他什么时候去吃饭，什么时候去学竞赛，什么时候会去超市，我都能估摸个大概。他在下楼梯时总喜欢三步并作两步走，嗖的一下就没影了，长腿优势一览无余。他夏天时天天穿灰色或蓝色的T恤，每天还都端端正正地别着校徽团徽。他吃面条爱加两个蛋，然后再羞涩地在众人诧异的目光中飞快端走。他打菜时双臂会撑在台面上，一副要承包所有饭菜的样子。每次看到跟他一样加两个蛋，或者穿灰色、蓝色T恤的人，我都会在第一时间想起他。因为近视，我在阴暗的食堂里常把其他穿灰色或蓝色T恤埋头吃面的高个子男孩认成他，胆战心惊地全程用淑女的姿态吃完饭之后才发现那根本不是他。

在大多数的时间里，我都在他身后默默地看着他。我时常倚在栏杆上，用水杯贴着脸注视他上楼下楼，或者装作若无其事地走在他身后，低着头傻乐。我的时间被我划成“小川这个时间要出现了”和“小川这个时间不会出现”两个概念。

每每看着他走路时微微摆动的肩和他说笑时的侧脸，或是当他鲜活地出现在距我很近的地方，近到一阵风吹过他的衣摆能很快地再吹过我的脸时，我的脑子里就只剩下“他实在是太美好了”这个念头，翻来覆去地想，能幸福很久。而仅仅是当我想到我马上要遇见他了吧，我就会紧张得胃也开始痉挛，由下往上传递出一阵阵酥酥麻麻的感觉，牙齿发软，失去了自己的形状。还记得有次排队时我排在他的后面，那时候只有我们两个人，他转过身来看我的时候，我这么机智这么处变不惊的一个人啊，瞬间就没了思考的能力，只顾深埋着头，手在口袋里掏来掏去，但死活掏不到饭卡。在他面前我就变得很笨拙，如此紧张而毫无办法。

陈梦看了我很久很久，没心没肺地笑了。她说：“以前初中大家有段时间都叫你师太来着，我们都觉得，你好像从来不会为这些事情而慌乱，从来都很清醒，从来都只有你理直气壮地帮别人分析情感的份儿。”

“真没想到你也会这样子啊。”她说。

我没说话，只是莫名其妙地想起了初中时我和他一起上辅导班时走过的那条路。那条路在江堤边上，道路两旁种满了高大的行道树。我第一次去辅导班的时候正值秋末，风灌进了我厚实的卫衣，我把手插在口袋里满心的不情愿。而后来，我每次都是数着地上一块一块的瓷砖，小心翼翼地走着的，至今想起，我的胃还好像残留着那种酥麻的紧张感。我努力地想象自己还停留在那个时候，那些我的战栗、他的样子，记得分明。而街上的人走来走去，没有人知道我心中在想着那时候的这个地方，也没有人知道那时候的我和那时候的他。他也不知道，那时候的我是怀着怎样的心情走过这条路，再若无其事地坐在他身后的。

而我现在再回忆起这些东西的时候，就像是结结实实地撞上了一块玻璃，凑近了会被自己的气息染上一层白雾，用手去擦拭后凝成水滴挂在上面。

这些玻璃后面的我，也逐渐明晰起来。从小到大，我都是一个偏执而早熟的小孩，在五岁的时候就会一本正经地告诉幼儿园里的小朋友我们并不是胳肢窝下掉出来的，而是受精卵发育而来的。长大了一些，就已经能无师自通地侃侃而谈情感之道了，尽管这多少也含着点心虚，但还是被同学们善意地尊称为“师太”。

虽然轻轻松松地一路走来，但我也总是在不合时宜地迷迷蒙蒙地疑惑着很多东西和很多意义。包括我自己。初中有一段时间，大概是青春期和叛逆期来临，我的脾气异常乖戾，做什么事情都觉得没有意义。装病逃课，不想上学。在夜里醒来时睁大了眼睛听街道上很细小的声响，那些汽车飞驰而过的声响和隐隐约约的鸣笛，都刺激着我弹跳的神经，于是再也无法入睡了。我还经常感到自卑，并随之产生自怜。独自一人时，又时常产生奇奇怪怪的孤独感，哽在胸口，冲到鼻尖。

这些孤独感和冲撞在我成长道路中时常会迸出来，不断被怀疑和否定，兜兜转转地，我像走在自己的影子里。在这些时候我只能想着并不在我身边的遥远的小川，像是游子想念一个虚妄的故乡。我想象着他在对我说：不要害怕，你以后会遇见我，你要努力学习，努力生活。就好像是我的另一个自己，对我说一些我自己并没有力量说出口的话。

而现在，当我抓着笔挠着头，日子逼仄到连刷物理题也无法拯救我的时候，我就会从晚自习的教室中跑出去，一路横冲直撞地跑到楼梯口那里，看着实验楼或者行政楼的物竞教室里亮着的光，看很久很久。我知道那亮着的光后面有小川在。这样想着，看着那光，我的心就会慢慢地安定下来，就好像强调给自己听：他和我是在一起的。只要他想要前进，我就不能后退。除此之外，像许多人有写日记的习惯一样，我的习惯是给小川写信，四年了，七八十封信，厚厚一叠。多少我不能留存的难过，多少细细琐琐的小事，我在无法对人倾诉也不好意思对自己说出口的时候，就对着纸上的他的名字絮絮叨叨，或者抛出一大段一大段的纠结疑惑。我所尘封的或无法尘封的世界，在他面前，就像是倒影。

没有他我无法共鸣，亦无法独奏。尽管小川可能只是一个模模糊糊的影子，真正的他并未来临，可这也饱含着意义与深情。他只要在那里，安详而平和，就是一切不需阐述的意义了。

而我不知道的很多事情，其实是并不需要答案的。什么意义，什么期许，请给我确凿无疑的生活，请给我你的身影。

当然了，人都有私心，我所记住的全都是小川开心或是调皮或是安静的样子，用他的身影来告慰我的难过，给我力量。但小川的难过和病痛，我却不能够也不忍将之留存起来。

小川的颈椎不好，为此他还打了通校证明。我想着他一整天都要低着头刷竞赛试题的时候，就觉得难过。于是我去找来许多按摩方法，天天敲打我们班一颈椎不好的妹子，妹子感动得不得了。小川的政治很烂，曾连续考了两次不及格。于是在会考前我对着芭蕉树的大叶子念叨着重点知识，希望树神能眷顾他一点。在小川竞赛失利的时候，我一天跑过去看了三次成绩榜，盯住他的名字看很久很久，然后对路过的我认识的一位学竞赛的同学说："你们都好厉害，要加油啊。"

我不能够走到他面前对他说些什么，但我只要对别人做了那些事情，就能够感到一些安慰，好像我为别人做了，也会有人去为他做。

不管我愿意还是不愿意，想念小川的样子和他的小事都已经变成了我的习惯，不管是当夜晚来临的时候，还是当我独自一人又唱起一些歌的时候，甚至是我走在那些遇见过他的路上的时候，这种习惯就自然而然地点燃了。熄不了，灭不掉。

我也分不清楚这些样子到底是谁的样子了。长久以来，小川像一条不停息的河流在我的生活中流啊流的，他就像清清澈澈的河水，映照出我的样子来，我才明了了更多的事情。

陈梦再次问我："你为什么喜欢了小川这么久呢？"

我说，其实也不久，就几年嘛。

但几年下来，他好像也不再单单是他了。在我生活中的许多时刻，他都像是我心中的一个影子和我在一起经历着。每当我回忆起这些事情的时候，回头都能够看见他。

像影子没有办法独奏，一半是我，一半是他。于是我也不能不喜欢这样的一个他。

"我怎么可以不喜欢他呢？"我低着头对陈梦说。

然后又是一天，也是很久之前的一天了，我带着陈梦逛到我的小学门口。我指着教学楼的一扇窗户说："看到了吗？当年，他就是在那里对我笑了一下。"

陈梦指着紫藤花廊的尽头笑着说："没看见有树啊，墨墨啊，你们家小川一定是乱说的。"

我拍拍她的头："那都是很早之前的事了。"

然后我们安安静静地站着，看着翻新过的校园，看着这儿没有一个人走过，静悄悄的。那条紫藤花廊倒还在，长长的，许多年前我也曾这样走过。

“喂，你听没听过一首歌，叫《川流不息》呀？” 我突然对她说。

她摇摇头。

那我给你唱唱吧：

不知不觉走到了这里，
细细长长的这条路，
回过头的话，
看得到遥远的故乡；

啊，就像河水的流动一样，
安详平稳地，
让人想寄身其中。

啊，就像河水的流动一样，
无时无刻不在，
只听到潺潺的细流声。

我又站在了这里，像许多年前那样。当风吹过来的时候，我就闭上眼睛去听。它们奔腾不息，裹挟着久远的树的声音，是那么欢快，好像把我多年以前的感伤都洒在了路上。

你追我赶的年代

文/卓奇文

夫妻间哪怕是吵架都是好事，最怕的是连架都没的吵了。

一

来陈生家那一年，我十五岁。

在我这个年龄的孩子都在上学，有水蓝色的书包、鞋面打着蝴蝶结的平底胶凉鞋、白白的裙子。而我在两年前就没有这些了。我只有挽着袖子，卷起裤管，赶着我的大水牛，走在泥泞的田间小路上，禾草和尘土在我眼前飞舞，阳光刺眼而滚烫。

尽管我衣着脏兮兮的，但我依然不失为一个美丽的姑娘，葱段般白皙的手指，洁白的脖颈，明亮的眼睛。

那一年春节，陈生带着杜鹃回沙镇过年。大年初一清晨，天才蒙蒙亮，母亲就将我从被子里拉了起来：“死猪，还睡，快起床！”

母亲拽被子用力过猛打疼了我的眼睛，我揉了几下，泪水就落了下来。

“吃白饭的，一大早就哭，哭什么！”父亲拿着水烟斗刚好进来，看见我落下的泪水，咬牙切齿对我吼道。我慌忙擦掉泪水，本来我就不是哭，我没有必要掉泪水，在他们跟前掉眼泪换来的往往不是同情而是巴掌。

大年初一全家起一个这样的大早还是自我出生以来第一次，往年这样的时候我们全家都在呼呼大睡，一年到头最美的享受莫过于能够睡到太阳从头顶照到脚跟，再从脚跟照到头顶，母亲甚至都懒得起来煮饭，我们就如进入冬眠的动物，醒来又是一个天黑，然后旧的一年已经过去，新的一年开始降临。

我穿上我唯一的一件白裙子，那是我十三岁那年把卖石榴换来的钱存起来买的。我家门口有一棵石榴树，每到夏季好像都特别亢奋，结满了石榴，这些石榴总是招惹来村里小毛孩的偷窃，尽管母亲时不时守在石榴树下，但是石榴还是成片成片地减少，收起来的就少得可怜。母亲本想靠它们卖几个钱，后来也就愤愤然作罢。其实，石榴大量减少最主要的原因是：我是内贼，一个爬树比猴子还溜的毛孩被我买通，我帮他望风，他帮我偷石榴。他有石榴吃，我有裙子穿，这是我唯一一次背叛父母，为的只是一条裙子。

母亲有问起我裙子的事情。我说是村里出去打工的女孩子不要的裙子被我捡回来的。母亲虽有怀疑但也没发现家里财物缺少，也就作罢。不过，每次我穿起这条裙子，母亲总是抛来一束狐疑的目光。这一次，倒是她主动提起，叫我一定要穿上那条白裙子。

而当我穿着白裙子随着母亲赶往沙镇的时候，我才知道母亲让我穿白裙子的用意，母亲让我来认识陈生家的人，看他家人是否有意收留我，给我一个走出农村的工作机会。80年代，没有地位又没有机会受教育的贫穷人家，找出路的方式大都是通过攀结有钱有关系的人家，甚至有时对方只是一个很普通的机关干部，但只要是国家机关的人，在老百姓的心目中就是有能耐的人，甚至是可以带来命运改变的上帝。陈生只是母亲一个远房亲戚的儿子，在离沙镇五十千米远的林镇工商所上班，他的妻子杜鹃是林镇中心小学的语文老师，陈生父母又都是沙镇镇政府的干部，在沙镇人的心目中，这是个吃公家饭可望而不可即的好人家。我也很快知道，母亲有来拜访的机会是因为杜鹃刚生了个小男孩，需要一个小保姆。母亲终于找到了一个既能让我跳出农门又减少了家庭负担，两全其美的机会。

在陈家一片热闹和欢腾的笑声中，我这一次真的是落下泪来，满满地沾湿了白裙子，但是几乎没有人注意到我的屈辱和自尊。

他们指指点点，都认为我是高兴得落下了泪。

是啊，在所有人的眼里，碰上这样的事情，哪一个不是高兴还来不及呢。

只有陈生没有笑，很是忧虑地望着我，叫过我的母亲低声说了些什么。母亲拍着胸脯信誓旦旦地保证着什么，继而是谦卑而夸张的笑声。

陈生淡淡地笑了笑，站起来，走到窗前点燃了一根烟。看着烟雾缭绕中挺拔俊秀的陈生，我突然停止流泪，那些弥漫着的烟，以及那张藏在烟雾中异常肃穆的脸，让我突然坚定了一个信心——命运不就是一团烟吗？与其只是观看，倒不如干脆沉迷其中。

二

本来杜鹃是一个很挑剔的女人，也许是我那天的白裙子给我无端地增添了些许气质，让杜鹃虽有迟疑但也答应留下了我，杜鹃的同意让我在陈家全票通过。母亲带着我从沙镇回来的路上，一直是脚跟不着地的欢喜，那种几乎飞起来的走路姿态让我屡屡落后，让我感觉真的被母亲遗弃了，不，应该是被生我的这个家遗弃了。

我上有两个哥哥，下有三个弟弟，生子养老的观念再加上乡村生活极其乏味，生孩子反而成了这种生活的兴奋剂，一直到全家快不能生存了，父亲才放过了母亲。在那个年代的家庭，女孩就是赔钱不讨好的角色，在最后一个弟弟到上学的年龄时，他很自然地取代了我。我退学，去别人家当保姆，是再顺理成章不过的事情了。用父亲的话说，家里总算又省下了一口饭，我也省下了一口气，又能多活一两年。

尽管，我背着包裹那么留恋地看着身后这个无比熟悉的家，但是他们都高高地挥起了手，快走吧，看什么看。

呵，看什么看。不是自己的东西你就没有资格再看。

转过身的刹那，我的泪水终于没有落下来。我突然发现，找不到落泪的理由，就如我找不到离开这个家的理由一样。我就这样糊里糊涂地走了，走进一团如烟般未知的生活。

陈生开摩托车来接我。摩托车是重庆牌的，是那个年代乡镇还比较稀缺的交通工具。陈生给我一顶安全帽，我斜坐在后面的坐垫上，路上不断有人转过身来羡慕地注视着我。这样的情景好似黑白电视剧中坐在新郎单车后面出嫁的姑娘。我有一种快速成熟的感觉，如果这是出嫁就好了。我不禁伸出手扶着陈生的腰，感到手指尖传来陈生那微微的一颤，既而那种陌生而激烈的感觉传遍我全身。

我想，也许，后来所有的一切都是从那微微的一颤开始的。

三

陈生一家住在林镇工商所的大院里。

大院是由四栋三层的楼房楼连楼围起来的，院子里有一棵大榕树，如一只撑开翅膀的大鸟，簌簌地抖动着无比翠绿的叶子，有一种即将飞翔起来的姿态。榕树的根部被人用沙子和水泥围成一个大圈，形成一个大饼般的座椅，尽管常常被飞来走去的鸡鸭弄得很脏，但还是不断有人垫着报纸坐在上面乘凉。那是大院的一个中心，所有大院的人都围着这个中心转啊转。推着自行车上班、下班，追着到处奔跑的母鸡，还有调皮的小孩嬉闹或者是被父母追赶吆喝。这个院子每天都在上演你追我赶的游戏。

院子的边上有一口很深的水井，有绳子拴在木轴上，伴随着手动旋把不断鼓转，一桶桶清澈甘甜的井水便被提到地面，那种金属摩擦木轴的嘶嘶声总是让我神经过敏般以为有什么东西掉进井里面了，而不是有东西被提上来。

我在陈生家洗衣服、做饭、带孩子，除了一些重活，如挑水、扛煤气罐这类的事情之外，几乎所有的家务事我都得做。杜鹃是一个有洁癖的人，要求我将铺着白瓷砖的地板擦了又擦，还总是怀疑我偷懒。在她要求下冲洗地板导致洗衣粉用得特别快，而她却怀疑我是不是换洗衣服太勤所致。我对于这一切当然只有忍气吞声了。不过，大部分时间她都得上班，也就是她不能时时盯着我，实际上，没有人盯着我也是不能停下手脚的，有一个事关性命的重任，就是要看好陈家的儿子陈树。我来这个家那一年，陈树刚满周岁，刚刚学会走路。陈树可爱的胖嘟嘟的小脸，眼神容貌像极了陈生。我莫名就喜欢上了这个孩子。杜鹃没有奶水喂他，当然我也没有，但我会热好牛奶一口一口喂他，祈祷他快快长大。

陈生爱这个孩子甚于杜鹃，一下班回来就从我手中抢过去，又是亲又是抱。杜鹃好像没有看到似的，一个台一个台地切换着电视节目，也不知道她的心思在哪里，她总是给人一副心不在焉但又特别较劲的样子。这个时候，我就连忙躲回厨房做菜，如果碰上水缸没有水了，陈生就会把孩子交给杜鹃，挑着水桶去水井边打水。

杜鹃抱着孩子，总是有点怅然失措的感觉，倒是陈树很认娘，一到他娘的怀中就特别安静乖巧，杜鹃将他放在沙发上，让他颤巍巍地走路，然后她就咯咯地笑着，一副很幸福满足的样子，我就纳闷她为什么不将孩子放在地板上走路，她就不担心孩子会摔下来吗？有一次，我小声提醒她，她白了我一眼：“你猪头啊，地板不是很脏吗？”

天哪，地板还脏，我一天擦多少次了还脏，这个不可理喻的女人。

窗外传来嘶嘶的打水声，我从厨房的烟雾中抬起头来，看见井边的陈生有力地挥动着手臂，水一桶一桶被提了上来，裸露的结实的手臂，精干的短发，穿着锤子镰刀印记的背心的背影好似村后那棵挺拔的杨树。

一直到油烟刺激得让我不禁打喷嚏，我才手忙脚乱地收回目光。

我知道，在这个家，这样的举止是不允许的。

四

有时，我会抱着陈树出去和一些大妈坐在榕树下聊天。我也知道这个院子里并不全是干部，有的只是老公是干部，自己是家庭主妇，有的和年老的父母住在一起，有的小孩还没有上学，这样我就有了一大群聊天的对象。每当早上八点，院子里一片自行车和皮鞋高跟鞋的喧哗之后，这个院子就由我们这帮闲人主宰了。但奇怪的是，这个院子里只有我这一个保姆，有一次我不禁向一个大妈打听，她哈哈大笑，你能当上陈家的保姆算是你上辈子修来的福气了，我们这些人哪雇得起保姆呀，陈家可是两人拿工资的，两人都是正正式式的国家干部啊。你看杜鹃人多好，对我们总是乐呵呵的，对陈生也是好得不得了，对你应该也不错吧。

我立即脸红到耳根，低下头，慌忙地应着：“嗯嗯嗯。”

这时，立即有人讲起杜鹃和陈生的故事。时间一长，我才知道这个故事也不知道被她们讲过多少次了，但是依然是百讲不厌、百听不腻的样子，不过每次加上她们天生的添油加醋的能力，这个故事能够如此被传诵也是见怪不怪了。

原来杜鹃和陈生两人是青梅竹马的恋人。在沙镇他们的家就隔着一条街。从小就在一起上学一起玩，后来一起上了师范学校，毕业后，陈生被父母托关系安排进了机关，本来杜鹃也是可以进机关的，但她图教书轻松就去学校当了老师。

如果不是我生活在这个家庭，我相信所有的人都认为杜鹃和陈生是一对无比恩爱的夫妻。因为只要踏出这个家门，杜鹃招牌式的微笑就会如花般绽放，声音甜蜜地向每一个院子里的人打招呼，还会不时地回过头来对陈生说："陈生，你快点。"

陈生应答着，也应着人们的笑脸，大声地打着招呼。

这时，就不断有赞美的声音传来："你看，人家这夫妻多恩爱。"同时就有人开始借题发挥数落自己的老公或者老婆学着点。

杜鹃脚步轻盈，裙摆飘飘，臂夹讲义，款款下楼。

陈生掉过头叮咛我一句："小两，看好树树啊。"

我慌忙应着，抬起头想去对接那缕目光，可他早已转身。

这个家，所有的人都是这样，若即若离。

我怀疑是不是自己也有了这个毛病，作为保姆我只有做好本分工作，除了工作之外，我相信所有的人都希望保姆是一个哑巴或白痴。

尽管我也想变成哑巴和白痴，但是从小生活在一个异常热闹的家庭，我还是无法习惯陈生一家的无声世界，电视上的发音都变得弥足珍贵。我甚至希望这个家有一场争吵，好吵醒大家麻木的神经。但是没有，陈生总是那么按时下班，总是那么周到地照顾孩子和杜鹃，尽管杜鹃有些坏脾气和怪习惯，但是她似乎也是一个很麻木的人，该看电视时看电视，该吃饭时吃饭，该书备课时备课，该睡觉时睡觉。有时能够听见他们房间传来窃窃私语，但是那些声音极低，而且和我是一点关系都没有。即使有，我也不应该偷听。

只有一天晚上，陈生交给我几本书，说："小两，你也好好看看书，过了明年，等陈树长大一点，我想办法给你换个稳定的工作。"

"可是……"我掂着这几本《毛泽东思想》、工商管理的书不禁发怵。

"可是什么？"他本想离开的脚步因为我的可是又停了下来。

"我看不懂。"看着他投射过来的疑惑目光，我鼓起勇气说。

"不懂的地方可以问我。"他微笑着。

他见我已经轻松地接受下来了，又补充说："没有人天生就要做保姆的。"

我几乎惊呆般地听着这句话，这句话如春雷般一下子刺痛了我的神经。是的，我怎么就没有想到，没有人天生就是做保姆的，也没有人天生就没有书读的？

他微笑着转过身，也许他是满意这样的效果的，是的，很满意，我看到他赞许的眼光，我听见他似乎在说，这个孩子的悟性还是有的。我看见他轻轻地为我带上门，脚步轻轻地离开，担心打扰我看书。我第一次感觉到我在这个家除了做家务、除了偷看他的背影之外还必须做点什么。

我也是第一次清晰地听见隔壁他们的房间传来的声音。

"你刚去小两房间干吗了？"

"我给她送去几本书，让她平时有时间也可以看看。"

"她一个做保姆的看什么书啊？你还真好心。"

"别说那么大声好不好，谁天生是做保姆的？"

"哟，你还护着她，你该不会有什么猫腻吧？"

"人家还是一未成年小孩，你的嘴就不能积点德？"

"我嘴不积德？你这么说我！我是你妻子，她只是一个保姆，你真没有良心，你给我出去，你今天不要进我的屋。"

"你有完没完啊？你就不怕人家小孩听见？"

“你出去，你出不出去？你不出去那我就出去了。”

“好好好，我出去我出去。”

在一阵窸窸窣窣的收拾声中，一切又归于安静。从那没有关紧的门缝里我看见了蜷在沙发上睡觉的陈生，有清冷的月光透过窗户洒在他的头发、肩膀和盖着的红毛毯上，如水般静静流淌，我就这样静静地看着，一直到淡淡的晨曦覆盖进来，我才沉沉地睡去。有清冷的泪水从我眼睛里漫出来，水漫金山般将我淹没。

五

我一直睡到中午才醒来，望着窗外灿烂的阳光，我猛地一惊，陈树呢？

一直睡在我身边的陈树不见了，我连鞋都没有穿就跑了出去。客厅里杜鹃正带着孩子在玩玩具。“醒了？”她看着我披头散发的样子淡淡地微笑着，看不出有什么异常。我满脸通红，愧疚得不能自已，作为一个保姆是不容许这样睡懒觉、这样失职的。但杜鹃竟破例没有数落我，记得有一次我做菜把盐放多了，她竟然赌气不吃，要我重新给她做别的菜。她的突然不计较让我摸不着头脑，但也好歹顺下去了，我暗暗叮咛自己下不为例。

那件事情似乎并没有给这个家带来什么样的改变，依然是一种怪怪的平静，似乎大家都不愿多说话，在一起生活多年的夫妻是不是不仅只是审美疲劳，还有失声现象呢？除了吵架。记得大院里有一个大妈跟我说过，夫妻间哪怕是吵架都是好事，最怕的是连架都没的吵了。

当然，作为一个突然插入别人家庭的保姆，我是没有资格去思考这些问题的。

而那场吵架突然就在我意想不到的情况下发生了。

那天傍晚，我在厨房炒菜，如往常一样，陈生下楼去挑水，杜鹃把小孩放在沙发上走路。突然一阵惊叫将我吓了一跳，我跑了出去，看见杜鹃惊慌得脸色煞白，陈树从沙发上摔下来，一下子就没了声音。“孩子，孩子……”她竟然没有去抱起孩子，而是捂住脑袋惊叫。我慌忙抱起陈树，掐其人中，陈生听到惊叫也丢下水桶狂奔上来，我小时候看见过弟弟摔晕过去母亲用过的土办法，我掐了小孩人中几下，小孩终于哇哇地哭了出来，刚好陈生也明白和清醒过来，抱起陈树确认没有危险，魂也才定了下来，然后将陈树交给了我，让我给他喝点热水。

我抱着小孩连忙跑进了厨房。

闻讯跑来的邻居看见没事了也纷纷散开，唏嘘不已：“幸亏救得快，要不孩子就危险了，怎么会摔下来呢？”

“怎么回事？我问你话呢，你一个大人连一个小孩都看不住，你哑巴了！”陈生摇着吓得缩成一团坐在沙发上的杜鹃。

杜鹃咬着嘴唇沉默着，只是不断地摇着头，也许刚才那一幕她也吓傻了。

突然，啪的一声，气急的陈生挥起手掌打了她一耳光。

“你，你打我！”杜鹃一下子从沙发上弹了起来。

“我打你怎么了？不打你不清醒！”

“你敢打我，你有什么资格打我？”杜鹃突然红了眼睛歇斯底里叫起来，对着陈生又咬又打，慌乱中还拿起茶几上的玻璃杯向陈生砸去，好像砸到了陈生的脑袋，有鲜血从他脸上流下来，陈生也发疯般操起身边的鸡毛掸子就向杜鹃挥去，杜鹃见势不妙连忙夺门而出，连鞋都没有穿就跑到了楼下，陈生也急疯了般向楼下追去。

他们围着大院榕树下那个圆盘一个提着鞋，一个举着掸子，追了一圈又一圈。那天夕阳无限美丽，杜鹃拼命地奔跑，裙子在气流中肆意飞舞；陈生拼命地追，领带歪在一边，衣冠不整，脸上还挂着丝丝鲜血。跑啊跑，追啊追，阳光洒在他们奔跑的大腿上，汗淋淋的额头散发着亮晶晶缤纷的光，大院里的人们都跑了出来，站在楼檐下，一、二、三层，满满的都是观看热闹的人，有人还哈哈大笑。

是啊，多么有趣的画面。这是1991年，这是个知识分子被高度重视的年代，他们竟然在众目睽睽下互相追逐打架，这让大家觉得新鲜，觉得刺激，高级知识分子也就是这么回事嘛。那次你追我赶的爱情事件也就成了一场集体的狂欢，大家在那场游戏中找到了生活的平衡，原来芸芸众生都是一样的，大家的生活也就是大同小异嘛。

我抬起头，天边夕阳燃烧得正热烈，一片片美丽的火烧云不断地变化着颜色的层次和云朵的形状，缕缕无比灿烂的霞光从云隙间强烈地挤射出来，我的眼前一片金花，竟然有些晕眩。

陈树在我怀中温睡如春。

那天，他俩谁都没有追到谁，都累得趴下了，趴在榕树下的圆盘上大口大口地喘气。

也许，他们需要的也就是像夕阳一样，燃烧身体多余的能量，燃烧无处发泄的能量，发泄完了，回归生活的本质，该怎么过还怎么过。

六

打那天开始，这个家时不时就有架要吵，已经无法再平静了。吵架的理由从一顿饭到一根头发，无所不在，就如房间里阳光中飞舞着的灰尘。原来一开始的平静只是一个假象，湖面平静，湖底暗流涌动，一有风浪便是翻江倒海。

从他们的吵架内容，我耳濡目染也知道了许多。

杜鹃怀陈树的时候身体落下了毛病，也就是时不时会出现头晕和四肢酸软无力的症状，陈生带着她去看过许多医生，但都无济于事，这也许就是杜鹃对陈树一直很冷漠，她一直不快乐的根本原因吧。

当然还有许多事情我无从知道。尽管每次吵架的内容都是大同小异，但是我还是无法理清这些事情的前因后果。

新的一年到来，我满十六岁。这个家开始发生翻天覆地的变化。陈生升职成了所长，常常深夜不归家，归来也是喝得烂醉，一头倒在沙发上就睡着了。有时，看见杜鹃开门出来，他突然吓得跳起来。

“你越来越像一个魔鬼了。”陈生有一次几乎是带着颤音对杜鹃说。

“我就是魔鬼，你又能把我怎么着？”杜鹃冷笑。月光照着她那张脸，异常苍白清冷。

陈生吓得步步后退，不断有杯子水壶被碰落。尖锐的破碎声凄厉地划破了深夜的宁静，撕裂了深深的黑暗。

几天后，陈生搬出了这个家，在外头租了个房子，只是每天中午回来看看陈树。陈树已经两岁了，孩子在这样的家庭似乎也特别容易早熟，懂事地不哭不闹，勤快地练习走路，也会说一些简单的话，好像他从小就明白在这个家庭语言似乎显得很多余。陈生每次回来都会抱着他亲亲，让他叫爸爸，他拉着陈生的手轻轻地叫了声“爸爸”就不再说话，跑过来拉着我的手，摇晃着，想让我抱他。

“孩子还是跟你最亲，”有一次陈生似乎很无奈地说，但似乎也很欣慰，“有你带着我也放心。小两，我们陈家多亏了你，欠你太多了。”

“说什么呢？应该的，陈先生。应该是我给陈家添麻烦了。”

“咱们客套话也就不多说了，有机会我补偿补偿你。你也满十六岁了吧？”

“嗯。”我对自己突然变成十六岁还是觉得有点怪异，羞涩地应道。

“真快，一年就这样过去了。”陈生不胜感慨，缓慢地转身，背影突兀，裤管松松垮垮地摇摆着。我这才发觉陈生消瘦了不少。

陈生搬出后不久，杜鹃也彻底病倒了，走路都靠我扶着，整个人的重量都压在我的肩膀上，像一条软软的冰冷的蛇，有气无力地挪动着身子。她已经从学校彻底请了长假，学校看其身体都成了这个样子也准了她的假，她没事的时候目光空洞地望着天花板，电视有一搭无一搭地看着，整个人像一摊泥一样瘫在沙发上，有时她会让我扶着她，手攀过来，搭在我肩膀上，让我带她出去走走，或者是和大院里的大妈们一起搓搓麻将。不知道什么时候，那些闲着的大妈开始不甘于干聊天，在榕树下摆起了麻将桌。

杜鹃的休假似乎让她们无比振奋，你看，和她们一样了吧。她们不再以闲着为耻，能和杜鹃一样闲着让她们觉得面子赚尽。杜鹃一来，她们都会纷纷起来让座："杜鹃，你坐你坐。""就是，要出来多走走，多活动活动，多和我们打打牌散散心。"

而杜鹃往往打不到两圈就开始透支般虚弱得头昏脑涨。

"哎呀，不行了。小两过来，扶我回去。我得跟我家小两回去休息会儿了。下次再玩。"

我连忙跑上前去扶起她。她病倒之后对我特别亲，这个家基本上除了钱财账务其他方面她都交给我做主了。她边走路边趴在我肩膀上睡觉的样子，特别温顺没脾气，当然我是从来都不会对她颐指气使的，我从来都没有忘记生活有时其实只是一个假象，我得清醒。因为没有了太多的事情，我基本上也能够静下心来看看陈生给我的那些书。那些书也慢慢地无形中成了我心中一个模糊的期盼和梦想。

陈生还是不忘给杜鹃带来各种药，但总是搁下就走。有好几次我留他吃饭，他都摆摆手："不了，我这就走。"而杜鹃从来都没有抬起眼皮去看看他。这个家，他反而成了外人。有一次我去市场买菜，看见他蹲在路边的小摊上低着头避人耳目地吃快餐，不时有人走过认出了他："陈所长，你咋在这儿吃饭呢？”他慌张而尴尬地笑着，支吾着敷衍着那些熟悉的人怪异甚至是嘲笑的目光，我站在一个角落，远远地望着，泪水无声地落了下来，一个男人，一个镇上地位显赫的男人，却无家可归，没人为他煮饭，却要在街头受人们的注视和嘲笑。

是啊，在这小镇闭塞的环境里，哪一个居家的男人老是在街头吃饭呢？

七

陈生再一次搬回来住已经是三个月后的事情了。

杜鹃听信了一个大妈的话，觉得她的病屡医不好是因为鬼魔附身，所以她决定离开红尘削发为尼，驱走魔鬼洗尽肮脏。一个受过高等教育的人在病魔面前无能为力时也开始相信了宿命和神灵，开始迷信于一种唯心的救赎，将自己的命运寄托于一种空灵和虚幻。在一个天色昏暗的黄昏，杜鹃走了，听说是去了苏州的姑苏寺。

杜鹃的离开成了大院里头最神乎的一件事情，有的人说她是被一个穿黑衣的人带走的，有的人说她是自个儿走的，总之说起杜鹃，大院里的人都不禁打一个激灵，甚至当初提议让杜鹃去当尼姑的那个大妈也不敢再提起这件事情，曾经人见人爱的杜鹃如今却是人人避而远之。

陈生就是这个时候搬回家住的。同时我也被安排到工商所当了一个合同工，那个年代机关单位里还有照顾性质的合同工，而我的工作就是陈生帮我争取来的，陈生说没有谁生下来就是注定当保姆的。他说在这个家我贡献了不少，给我补偿是应该的。而当我搬出陈家住进单位分的小单间时，我才突然明白，陈生这个时候让我搬出来的另一层含义。

他是不想别人说闲话。对于他来说，闲话他已经麻木，在街头巷尾，在近乎三个月有家归不得的生活里，他对那些流言蜚语已经麻木了，他担心的是我，在我刚刚满十六岁的那一年，他考虑到了我的清白。没有任何流言的一清二白，对将在小镇生活一辈子的女孩来说是极其重要的。

对陈生的感激我已经无法再用语言去表达。当我穿着制服，骑着自行车去那栋庄严的工商所大楼上班时，我也突然明白自己的命运迎来了一个新的春天，这个春天对于花样年华的我是多么姹紫嫣红、多姿多彩啊。我开始渐渐远离面朝黄土的生活，老家的那种生活对离开一年多的我来说竟然变得如此模糊而无从忆起。

陈生将他妈妈接了过来照顾孩子。陈生的妈妈刚好今年退休，但身体还算硬朗。大院在我生活范围的一定距离之外，但我还是常常回去看看陈树。那个孩子在我五百多天的照顾中已经渐渐长大，突然有一种母性的情怀让我对这个孩子恋恋不舍。

陈生气色好了很多。他总是仰起头来笑呵呵地看着我和陈树嬉闹，阳光在他很立体的脸上落下了一半灿烂一半阴影，棱角分明地刻画出了一个男人历尽世间沧桑的痕迹。

他看起来已经很健康。

我突然由衷地感到踏实。我甚至希望那个杜鹃永远都不要回来，甚至希望这种笑容永远定格在他的脸上。从一年前扶着他的腰时的那一颤开始，我的心里已经生根发芽般对这个男人牵肠挂肚。

也许是爱情？十六岁，那么小，不知道我是不是真的懂爱情。但我懂生活，注定我只是他生活的一个插曲。圆心是陈树，与杜鹃你追我赶是他的单行道。我在这个圆周之外，以前当保姆是，现在当单位职工更是。

八

一年后，我满工龄转正，并调回了沙镇工商所。我有一个转折，有一个最高点。如果当了陈生家的保姆能称得上是转折，那么荣归故里也算是胸无大志的我的一个最高点。

结婚，生孩子，平淡的后半生。他是沙镇邮政所的干部。父母以我为荣，弟弟哥哥以我为榜样。对于小镇，1992—1993年，涌入珠三角地区打工的人还不是很多，很多人还缺失理想。后来，慢慢就有很多人逐渐离开，城市生存才开始在许多青年人的思想中苏醒，打工大潮在全国风起云涌。

两年后，有一次我路过林镇，突然想去看看陈树，虽然我也生了一个儿子，丈夫说像他。

陈生家的那个大院，旧楼还是那些旧楼，榕树还是那棵榕树，只是那口井已经被厚厚实实地盖上，大院里住着的人也越来越少，大都是条件很不好的一些老干部。

陈生已经调走。我听一个大妈说起了往事，也就是后来陈生的故事。

我离开林镇半年后，杜鹃突然回来了，听说是病好了，好像真的能走能跳了，只是精神状态不是太好。不过杜鹃能好到这个程度，陈生就很高兴很满足了，杜鹃又开始去学校上班，陈生与杜鹃双进双出的情景又开始重现，尽管缺少了些笑声与温存。但有一天，杜鹃带着陈树在院子里面玩，那天院子里走动的人不多，基本都赶集去了，陈树调皮地追赶着一个小皮球，皮球滚着滚着掉进了井里面，陈树也跟着皮球跑去，掉进了那个没有盖的水井，死了。后来问起杜鹃，她只是哭，她说当时她有看见陈树往井口跑去，但她那个病突然又犯了，四肢无力，她无力挪动自己的脚去拦住孩子。孩子死后不久，杜鹃在一天夜里吃药自杀了。陈生病倒在医院，住了一段时间后也就调走了，听说是去了一个很远的县城。

我的眼前几乎能够定格那个镜头：杜鹃伸出手去，弯曲着腿无力挪动脚步，嘴巴和瞳孔张大，惊恐地用双手抱着脑袋。我仰起头，泪流满面。已是深冬，榕树的叶子在瑟瑟的寒风、稀薄的阳光中一片片你追我赶地飘落，从半空中旋转，旋转，再旋转，就如1991年那场你追我赶的爱情事件，那些奔跑的脚步，那些不断挥洒下的汗水和泪水。

绿无涯

这个家庭的历史是一架周而复始的机器，是一个转动着的轮子，这只齿轮，要不是轴会逐渐不可避免地磨损的话，会永远旋转下去。

——马尔克斯

向南飞，向北飞

文/封尘

我们像候鸟，奔赴适合各自理想生长的温暖地方。

一

我们这座城市不靠南也不偏北，一年四季气候分明，每年两次大规模的鸟类迁徙总是从我们头顶上空经过。春天或者秋天，鸟类经过的时候，在地上留下斑驳的阴影，在空中留下经久不息的嗡鸣。

这时候，亚和一只手撑住下巴，脑袋歪歪地偏向紧闭的窗户。他一动不动，双目有神，看着匆匆飞过的小东西们，嘴巴轻轻嚅动。

亚和说，我们的理想是候鸟，总是在追寻温暖适宜的地方落脚。

二

亚和画的画很好看。一支简单的铅笔，一张普通的白纸，在亚和手中总是能变幻出让人拍手叫绝的美丽图案。他只需要寥寥几笔，就能将一个人或者一件物品勾勒得活灵活现。

亚和是艺术类特长生，从小学开始学画画，到现在已经整整八年。

我们一起长大。

很小的时候，我们一起去河边钓鱼，去公园放风筝。两个不谙世事的小孩子，跑在风里，跑在梦里，嘻嘻哈哈，笑声回荡在脑海里。现在想起来，我几乎不敢相信我们曾经这样无忧无虑过，我甚至觉得，那些我以为是记忆的东西，其实都是我的幻觉吧。我已经不记得，有多少年我们没有肆无忌惮地开怀大笑过，无论是亚和，还是我，都在漫长而枯燥的这些年里，遗失了快乐。

九岁那年，一句“别让孩子输在起跑线上”的广告语把我们扔进了培训班。亚和进了美术培训班，每天放学后要穿过四条街去一栋古老的建筑里跟一个大胡子老师学习画画，从最简单的素描开始，不停画，不停画。而我进了奥数班，解答一道又一道让人抓破脑袋的数学题。

刚开始的一阵子，我们都感到新奇。亚和每画出一幅被老师表扬的画，我每在奥数测试中考到前五名，都会得到相应的奖励。我们相互较劲，希望得到比对方更多的表扬。新鲜感过去之后，我们看着小伙伴四处玩耍，终于感觉到难受。

后来，我们小学毕业，进了城南一所县级重点中学。我终于不用再去上奥数班，却发现，没有了奥数班，我也回不到自由玩乐的美好时光了。我曾经认为奥数是一种剥夺我自由的恶魔，纵然解开一道难题之后的成就感能让我开心一阵子，却也不能完全补偿我。但是，当我脱离奥数这个“恶魔”之后才发现，真正的恶魔其实一直在更高的地方虎视眈眈。

三

我和亚和有着截然不同的两种初中时光。我的三年，被九门科目包围，没有一点空隙，让我觉得几乎无法呼吸。我每天晚睡早起，和九本课本轮番过招，忙碌得像一个永远不会停下来的陀螺，转啊转，转啊转。我的白天和黑夜在旋转中失去了界限，两只眼睛在旋转中戴上了眼镜。

亚和不再去大胡子老师那里学习画画，因为家里反对再花钱在这看不到实实在在好处的事情上。但是亚和依然在画画。上课的时候，亚和总是将笔记本藏在刻意堆成的书山后面，在老师的视野盲区里自由挥笔。一只鹿，一辆马车，两盏路灯，一群人，像是在诉说什么无声的故事。

有时候，也许是亚和太过专注于自己的创作，老师会神奇地出现在他身后，一把抓过那个笔记本，胡乱看了两眼，然后当着全班同学的面批评亚和。批评的话千篇一律："上课不认真就知道开小差""会画画有什么用？有这个时间还不如拿来好好上课，考试考好一点，将来也好找个好工作"……

这时候，亚和涨红了脸，却温顺得并不顶嘴，等到下课后去办公室认错，拿回笔记本。这样的事情多发生几次之后，老师们似乎都认定亚和是一个没法教的问题学生，不听劝告，成绩也不好，不过并不影响其他人，也就很少再管亚和。我很想对老师说亚和其实是一个很上进的人，但怎么也鼓不起勇气去说。

放学之后，亚和会拿着画具一个人去钟楼下画画。钟楼在两个街区外，常年有一大群鸽子起飞、盘旋、降落。开始的时候，亚和偶尔也邀请我一起去，我们站在熙熙攘攘的人群中，背靠大钟楼，看人生百态。

"去大钟楼吧，听说今天有人在那里表演魔术，我想去画下来。"

"我不想去，亚和，我时间很紧，我还有三套试题没有做。"

这一次，我拒绝了亚和，我从他眼神的瞬间黯淡看到了他的失望。这一次之后，我们有很长一阵子刻意避开对方，各怀心事。直到有一天，亚和把一幅装裱好的新画递给我，他说，你没去，我就给你画下来了。

那一刻，我鼻子酸了。那幅画里，一个穿着燕尾服的魔术师举着一束火焰，两个小孩正在观看，那是亚和，还有我。

四

直到很久之后，我才意识到我们俩的不同。我并不喜欢奥数，我只是喜欢成就感，当成就感无法缓解它带给我的疲惫感时，我就放弃了奥数。亚和喜欢画画，也许并不是打一开始就喜欢，但确实是逐渐爱上了，哪怕父母反对也要继续。

我不大懂亚和的这种坚持，他也没有和我说过，我只是隐约觉得，亚和正在做的事情，对他非常重要，绝非玩玩而已。

初二的夏天，期末考试前两天，亚和在学校邮政亭收到了一封挂号信件。挂号信来自邻近的另一座城市，内容是通知亚和去参加一个美术比赛的颁奖典礼。看过这封信，我对亚和表示了祝贺，然后又问道："你什么时候参加这个比赛的啊？可真沉得住气，到现在才告诉我。"

"这样才够惊喜嘛。况且，万一没有得奖，就免去尴尬了。"亚和不无得意地说，脸上的笑容散发着柔和的光芒。

"再让我看看，要去那么远的地方领奖啊。呀，不对啊，这上面写的颁奖日期是我们期末考试的最后一天，这下子你没法去领奖了。"

亚和也一怔，仔细看了看邀请函，哭笑不得地说："应该是隔壁县城和我们的考试时间不一样。看来也不是一切顺利，算了，俗话说好事多磨。"

我看着一点也不紧张的亚和，脑子里冒出一个大胆的猜想。我说："你该不会打算翘了期末考试去参加颁奖典礼吧？"

一抹狡黠的笑从亚和嘴角一闪而过。最终，亚和也没有听从我的劝告，那天早上他出了门径直去了长途客车站，漫长的颠簸之后赶到了颁奖现场。我看着考场里空着的那个位子，满满的焦虑和担心之中，不知为何还有着一丝的高兴。我想，亚和这时候一定意气风发地站在领奖台上说着获奖感言。

后来，亚和告诉我，颁奖典礼并没有想象中的那么隆重，也没有什么获奖感言，只是在一个不算大的领奖台上很简单地拍了几张照片。尽管如此，亚和依然觉得这是值得的，这是一种肯定，哪怕为此挨了一顿打。

亚和说："你明白那种感受吗？你十分热爱的、十分想要完成的一件事情，在经过漫长的努力之后终于得到了回报。我爱画画，为此付出了很多，有痛苦和心酸，但是现在我得到了认可，我还想把这件事情做得更好。我觉得，这就是我的理想。你呢？你的理想是什么？"

理想？我想不出来，似乎一直以来，我都没有考虑过这个问题。

五

中考完的夏天，我告诉亚和："我不确定我的理想是什么，但是现在我有一件想要努力去做的事情，就是把我想象的一些故事写下来。我不知道这样做有什么实实在在的意义，但我就是想要去做它，就像有人在我脑子里呼唤我去做一样。"

亚和说："想要做，就努力去做吧。"

这时候的亚和，比起以前要更加沉默寡言一些。他画画的时候，手指灵巧无比，像跳舞的精灵，光影交错间，一幅惟妙惟肖的画作诞生了。他的语言都用在画里了，隔着二维世界与三维世界的界限与人交流。

我几乎可以看到，一个未来的画家正在稳步成长。

我们依然在同一个高中。其实我的成绩可以报读市里的省重点中学，我却用"离家太远怕孤单"为由选择了同亚和一样的学校，只是重点班和普通班的区别。学校和家相隔了大半个城市，我们都住在了学校宿舍。

亚和成了艺术类特长生，只要艺考顺利通过，高考的分数不用太高也可以上很好的大学。我相信，对于亚和来说，艺考完全不是问题。另外，亚和其实很聪明，只是大多数的时间花在了画画上，因此文化课成绩并不是很理想。

尽管在不同的班级，我们碰面的机会依然很多。相遇的短短几分钟，已经足够我们互相问候一下近况，彼此鼓励鼓励。

“你脸上怎么回事？”我指着亚和脸上的一片青肿问道。

“昨天和人打架了。”亚和轻描淡写，似乎这和他无关一样。

“打架？”我有些惊讶。亚和脾气一向很好，从来没有打过架，甚至很少和人发生争执，他总是谦让着别人。我想象不出他会因为什么和人打架。

“嗯，和室友打架了。”亚和开始解释起事情的来龙去脉。

昨天晚上，亚和的室友不小心把水泼到了亚和刚刚画好的一幅画上，两人因此发生了争执。本来也没什么事了，亚和虽然心疼画，但是也不至于因此和室友彻底闹翻。但是那个人突然这么说了一句：“哎呀，不就是一幅画，你至于跟我生气吗？在我们眼里这就是一张废纸，和垃圾没什么区别，也就你拿来当宝贝。”亚和无法接受自己重视的东西被别人如此践踏，所以他短暂地失去了理智，和那个人打了起来，弄成了这个样子。

“我也知道他是随便说的气话，但我不能容忍有人说我的作品是垃圾。”亚和说，“没事了，以后我都把画放在美术教室好了。”

隔了几天，我再次遇见亚和的时候，他一脸垂头丧气的样子。

“怎么了？你和你室友的问题还没有解决好吗？”我问。

“更麻烦了。他联合另外几个人一起孤立我。你说，我讨人厌吗？”

亚和低沉的语气萦绕在我耳边，我能明白亚和的心情。对于亚和来说，自己的作品就是最宝贵的东西，是要好好保护的东西，因此才会和室友发生冲突。但是别人很难明白一幅画（甚至在他们眼里那只是一张废纸）在他心中有多么重要。

我安慰亚和，说那并不是他的原因，然后建议他和我互换宿舍。

我收拾东西搬到了亚和的宿舍，然后帮着他收拾东西到我之前的宿舍去。刚开始的几天，亚和的室友们对我也不大友善，时间一长，慢慢也就缓和了。其中一个说："我们也不是真的想针对他，就是觉得他太做作了，脑子有病。"

我笑笑，不说话。我不争，代表的是我完全坚信我的看法没有错，我只要坚持我所认为的就好，不需要通过和别人争执来确认。

也因此，我在和他们的相处过程中，并没有太大的摩擦。

六

高中是一场艰难的阵地战，我们在高考面前一寸一寸沦陷。

高三到来之前，我还会每天晚自习之后在宿舍里开着充电式台灯看看文学作品，偶尔写点东西。阅读和写作最大的区别是，前者是向别人学习，后者是和自己沟通。我们了解别人，是为了了解自己。

高三是最惨烈的战场，枪林弹雨之间，我们都放弃了很多。我将最近的一篇作品装进信封里，寄给一个文学比赛的组委会，然后暂时停止了阅读和写作。之后的日子，铺天盖地的试卷游荡在每一个角落，时间匆匆而逝。秋天转眼之间就要结束了，候鸟们成群飞向温暖的南方，经过我们头顶上空，扑棱扑棱。

亚和说，我们的理想像候鸟，总是在追寻温暖适宜的地方落脚。

候鸟们刚刚离开，寒冷的冬天就到来了。

第一次模拟考试结束的那天，亚和开始收拾行装准备踏上艺考的征途，而我，也正在说服父母放行，让我前往一座遥远的城市参加一个文学比赛的复赛。

我说："这么多年来我一直在听你们的话，现在，我希望你们也能听听我说的话。这件事情对我来说非常重要，这是我的理想，我现在要踏出第一步。我没有成功的把握，但是就算失败了我也不会后悔。理想，是不能用看得见的、实实在在的好处来作为评判标准的，它应该在一个更高的地方。"

最后，我赢得了一场梦中的远行。亚和与我分别踏上旅程。

旅程结束归来，亚和的艺考非常顺利，我的比赛虽然没有取得很好的奖项，但也是一趟美妙的旅程。我们畅想高考之后会有怎样的海阔天空。

关于高考之后的美好想象，几乎在摩托车撞来的一瞬间被粉碎掉。那是在高考最后一场考试开考前，我们正走在去往考场的路上。

我看到天空和建筑翻滚了一圈，看到亚和朝我走过来，看到鲜血从我的小腿蔓延到地上。我确定我没有骨折，但是一指长的伤口却止不住血。我被送往医务室做紧急处理，绷带一层一层缠上，这时候我才注意到已经开考。

"亚和，你赶紧去考试，先别管我了。"我对他说。

他却不理我，等医生将我的小腿包扎完毕，不由分说地将我背到背上，跑向我的考场。最终，我赶在开考后十五分钟内进入考场，带着钻心的疼痛完成了考试。

和我不在同一栋楼考试的亚和被挡在考场外，因为超过了规定时间。后来我知道，他坐在操场上痛痛快快地哭了一场。可是当我从考场出来的时候，他痛痛快快地笑了一场，带我去医院消毒和缝针。

亚和说："你别为我担心。我想好了，我要做一个旅行画家，我会从这里出发，画下一切让我动容的东西。我想去云南，我就一路画到云南，去画最美的云彩和最快乐的人。我的理想并不在某所大学里，它一直在我身上，只要我不放弃它，那么我走到哪里，它就在哪里，我向哪里出发，哪里就是理想的天堂。"

这年夏末秋初，我们像候鸟，奔赴适合各自理想生长的温暖地方。

亚和带着他的理想上路，从一个地方走到另一个地方，用眼睛丈量世界，用画笔描绘世界，画下美丽的风景，画下充满欢乐的人们，然后再次起程。他向着云南前进，像朝着心中的圣地朝觐一样。而我去往北京的一所大学。我会在那里写下很多故事，其中一个故事会是关于亚和的一切。

这年，我们一个向南飞，一个向北飞，朝着各自的理想前进，殊途同归。

对了，我叫亚清，是亚和的双胞胎弟弟。

愚　人

文/徐衎

当他、当我都不再感到羞耻的时候，我会把画册和证书都悉数奉还。

一

冲凉的时候，一脚踩到一片泥泞里，原来是角落里几块开裂的地砖，裂缝间满是污水。赌气似的不避不让，加重脚力，污水“噗噗噗”地涌上来，给人沉沦的错觉，一如这晚的月光，湖蓝色的，收上百叶窗后才惊觉不过是附近的一盏街灯利用蓝色百叶窗设下的障眼法。探头出窗，星沉月隐，灰扑扑的夜空，一如整个旅程的心情。

水汽蒸腾，看不清镜中的自己了，一如我和她之间，也一直隔着一层迷雾，彼此愈发隔阂却还要相依相偎在一起，无知无觉地下陷，下陷，到底。专注于表演的戏子们尚且还有一方后台，供他们休养生息，袒露一点真性情。我忽然觉得，没有后台，永远被钉在戏台上是最恐怖的状态，无休止地表演，无休止地曲意逢迎，千方百计使自己变成另一个陌生的戏中人，心口都不是自己的，何谈心口不一？异地的“月光”、裂开的地砖和其间的积水，聚成一股奇妙的离心力，我急欲挣脱原先的既定轨道。

挪步离开那片碎瓷域，从“沼泽”中挣扎而出，是时候摊牌了，想要抽身而退的念头，一路上越来越清晰。心照不宣终至不得不宣，不再沉沦。

在玄关吹着头发，只见她手握遥控器横躺在床上频繁换台，电视屏幕闪烁不止，十来个频道来来回回地交替，电视剧、综艺秀、民生节目……她在这样的闪回中，时断时续地浏览着。换她洗浴了，她从旅行包底翻出一套内衣和一包塑封的干毛巾。若非我的旅行包被整套摄影器材占满，外加我的强势拒绝，她保准也要塞给我这么一包塑封的自带毛巾。那天她面带遗憾地立在一边看我肢解三脚架打包，心有不甘地危言耸听道：“前几天有新闻曝光，很多酒店的消毒卫生工作都不达标的，有的住客还拿客房里的玻璃杯清洗……”说到这儿，她下意识地止住了，这样的有头无尾，只能印证句末埋伏着某种禁忌，不可言说。

多少回了，她不假思索脱口而出，临到尾声幡然顿悟，遂悬崖勒马，以期力挽狂澜。每当她硬生生地将呼之欲出的后文拦腰斩断，只留一段难挨的沉默时，彼此其实早已心知肚明了。这样的禁忌多半跟“性”有关——不适宜我和她探讨的话题。渐渐地，相对无言，只闻呼吸声，沉默本身也沦为禁忌。后来，我意识到她开始没话找话说，叽里呱啦地向我转述前一天肥皂剧的剧情走向，又或者故作惊恐地复述一桩发生在十万八千里之外的凶杀案，从作案动机到破案经过说得饶有兴味。我不忍拂她意，敷衍地笑笑，不觉间饭碗见底了，一顿饭也就有惊无险地吃完了。她仍未尽兴，“你知道那男的为什么要用不同颜色的绳子反绑那个女的吗？”她自得地稍作停顿，“明天再告诉你。”类似“请听下回分解”的说书人口吻，她得意扬扬地冲我笑。她是应当得意，因为手握着真相；我也应当庆幸，庆幸她每回都有这般丰富的谈资，滔滔不绝说个没完，有效避免了饭桌上的冷场。在抵抗那伺机而动、带着禁忌意味的沉默上，我俩是步调一致，默契的。

热闹是张扬的，无法滋生、容存下私密，相形之下，沉默俨然是个森冷的抑郁者，不讨喜。我和她趋利避害，均青睐前者，表面上的热热闹闹虚掩着底下实质的寡淡乏味，沉默从未退场。

浴室里传来她冲凉的动静，仍是淅沥沥的，只是隔了一道门，听来沉闷不少，春雨变成了梅雨。我懒懒地瘫在床上，电视上在播一部争产肥皂剧。男女主人公皆怒目圆睁、嗓音锐响，夸张至极的表演，呈现出一个个意料之中的俗套桥段：女主角听到父亲病逝的噩耗，手里的碗一定会掉到地上；作为反派的男主角纵然一时得逞，最后也一定会死得很难看；老妈妈缝衣服一定会扎到手；即便对方挂断电话了也还要对着听筒“喂喂”上半天……面面俱到地，将“天塌下来了”这一古老譬喻具象化。俗不可耐的影像语言和俗不可耐的平淡日子，究竟是谁映射了谁?

我调小了电视音量，楼下的市井声隐隐地浮上来，芜杂的口音、熙攘的叫卖，虽已夜半时分仍然闹腾不休，一座典型的海滨旅游城市。我盯着发黄的屏幕，有点置身琼楼玉宇的恍惚，继而生出“不胜寒”的自怜来。她出浴了，整个人登时变得清爽，同时也无可遮掩地放大了满面倦意。

拉上窗帘，只留一盏壁灯，仿佛一堆篝火在墙角静静燃烧着，房间也变成了一个原始洞穴，与她对谈的内容全数关乎人类的原始本能，“渴不渴，要不要喝水”“天气预报讲夜里要转凉，别又不盖被子”“我睡了，你也别太晚”，我的回答更近原始，“哦哦”“啊啊”“嗯嗯”。草草结束这场算不上对谈的交流，她倒头就睡了，她忽略了我欲言又止的表情，或许她真的是累了，又或许她只是想闭目养神，类似幕间休息避入后台好准备下一个开局。果然，她翻了个身，问我：“还看不看电视？”我摇头，顺势举起遥控器，啪一声终结了无休无止的争产“疑案”。原始洞穴黯淡下来了，篝火灭得干净利落，不留火星。我静坐床边，面对侧卧的她打着腹稿，到底应该如何开口？

不知过了多久，她又翻了个身问我要遥控器，我和她在床头柜上一阵摸索，她从角落里捞起冷却了的遥控器，又一阵摸索，她眯起眼找到了右上方的红色关机键，很快，电视机下角的红色指示灯由深转浅，终于淡出了。房间彻底黑下来，严丝合缝的一室晦暗，一如整个旅途的心情。

她有点神经衰弱，对睡眠环境要求极其苛刻。家中卧房原先的淡黄色窗帘被她悉数替换成遮阳布，从此窗帘一拉，房间里便伸手不见五指，晨昏难辨了。那阵子我正参加一个摄影比赛，三天两头待在黑屋中曝光显影，静候一张张作品成像——每一张上都是她。暗中抓拍到的她非常自然，是平日里的她，家常的她。定格的镜头像琥珀，经得起长久把玩，由此我又发现一个与平日略有出入的她，原来她的眉眼还有这般风情，原来她已经有点双下巴了，原来……作品寄出后久无音信，又一次落选了，习惯了。黑屋易主，她出入其中，睡得香甜。

宾馆电话陡然铃声大作，“铃铃铃”，成串复古又刺耳的提示声，我赶紧接起电话，她还是毫无悬念地被惊醒了。“喂，你好。”电话那头的声音怯怯的，听得出是刻意压迫嗓子才发出来的嗲声。我轻声回应一句：“你好。”那头的嗓音更娇媚起来：“先生，请问需要服务吗？”我这才反应过来，这个时间点恐来者不善，慌乱地拒绝对方：“不需要……不需要……”听筒那边似有笑声，脆生生的即使作为背景声也听得清清楚楚，那个一直压迫着的嗓子也终于原形毕露，吐出两个硬邦邦的字“好的”，便挂断了。“谁啊？”她问我。“是导游，确认一下明早的早餐时间。”幸亏我整个地掩在黑暗里，只有声音浮凸出来。她“哦”了一声，翻过身继续睡了。

剔除面容，单只声音，是最容易扯谎成功的，省却了枝枝蔓蔓的面部语言、形体语言，也就规避了大部分的破绽纰漏。她曾经给我说过一个相关的刑事案件，一个山里女人杀夫弃尸入荒井后，损毁了自己的容貌，面对警方盘问时，那张丑陋不堪的脸没有暴露任何疑点，自始至终她都在交替运用着平静的叙述和间歇性的恸哭，十足的善用声音的好手。苦无确凿证据，她被无罪释放，成为大山深处一个寂寞终老的丑怪寡妇，多年后才成为传奇里的主人公。“当然如果那时候办案条件好点，有台测谎仪她也就完了。”这是她为故事收尾时的结论，她认定女狂徒不过是侥幸的漏网之鱼。

哪怕周遭是无边的荒原，只要有声，即能撑起一个热闹的空壳来，虚张声势的。关于这一点，我同她早已领略过太多次了，只是看谁比谁更有胆第一个跳出来捅破空壳而已，声音的欺骗性实在不小，换言之，五官四肢实在过于危险了，时时有暴露出卖的隐忧。

翌日，下到宾馆二楼餐室吃早点，一个漂亮女人踱到邻近一张桌旁，拉开一张椅子坐下。棕红色的套头衫、中规中矩的牛仔裤，简约的打扮。她打开一瓶调味酱油，凑近嗅了嗅，神情是不满的，旁若无人地抗议道：“这酱油是次货。”我们都惊异于她的出格，她身边空无一人，自说自话却并非呢喃低语，而是字正腔圆的完整句子，说给自己听的。女人搅了搅碗里的稀粥，又道：“这么淡，现在的生意真好做哟。”女人一边呼噜呼噜喝起稀粥，一边不忘环顾她所处的环境：“都什么年代了，还用大绿帘布，配上这个大红桌布，真是笑死人的，红配绿赛狗屁啊。”我俩趁势压低头，免得落入她的法眼，同时继续留意她的自言自语。因着那女人自己并不觉得奇怪，自然更不加掩饰了，“白腐乳还是桂林产的最好，买一罐也不贵，哪里像这么一碟子，稀软稀软的没味道不说，标价还老高，真是好意思。”就这样不折不扣地，他把内在的声音形诸外在的话语。

“疯子。”她喝完一小碗粥，从手提包里掏出一小瓶酒精和一包棉签，小心翼翼地拭过手背，刺鼻清凉的酒精味立刻弥漫开来，和着肥腻的猪肉馅味道，令我作呕。

“臭死了。”邻座的女人毫不避忌地掩住口鼻，摆出一副嫌厌的样子，

“真是花头精多，穷讲究。”

她只重复了一句“疯子”，就继续她的精心防护。她起了个大早烧了一壶水，把昨夜用的自带毛巾烫了好几遍，然后把我的也烫了。手指触到粗拉拉的宾馆用巾，免不了又一阵嫌恶，更免不了一阵絮叨了：“跟你讲自己带毛巾安全，你偏偏不肯听，出门在外你以为还像以前那样省心啊，电视上讲60%的酒店毛巾消毒都是不彻底的，有人还为此染上了艾滋病，你以为呢。”她总喜欢把丑话说在前头，亮出最严重的后果，以“危言耸听”来建构她的绝对权威，以此壮大底气，好让自己更理直气壮。当我细究数据来源时，她总以“反正电视上说的”这一笼统的托词蒙混过关。电视是她并不丰富的日常生活里，为数不多的一点亮色，也是源源不断供她引经据典的宝库，有理没理皆可入库。自行“消毒”完毛巾，也不知从哪儿变出一大瓶医用酒精，仔细地注入另一只小瓶中，中途没有半点洒漏。我睡眼惺忪地坐在床上，恍如在围观那个“无他，唯手熟尔”的卖油翁，瞠目结舌之余，暗自羞赧。哪里出了问题，一定是的。

当邻座女人直言不讳“臭死了”的时候，我并不反感，也没想到要维护她，反倒如释重负，她反唇相讥的“疯子”相形之下是那么苍白，双重的羞耻压上我肩头。所谓的“疯子”，或许正如邻座女子那样，是心口合一的人吧。

餐室里又进来几个旅行团，熙熙攘攘吵成一片。挣扎了一路、发酵了一晚上的摊牌不得已只好再被推后，当我吞下最后一口肉包子，她牵过我的左手，轮到替我擦酒精了。冰凉的触感，火烧火燎地渗透挥发，像是急欲要冷却掉什么、打发走什么。我们仍旧像往常那样，于心照不宣的沉默里，施与受着。

施与受。她总是身先士卒地打头阵，拉开“施”的大旗，占据主动地位。

日子平淡久了，好不容易逮住一点机会，总要不遗余力地大放异彩。毋庸置疑，她就是好出风头。然而根基不稳的风头，即使拔得头筹了，也总有落人话柄贻笑大方的隐患。每每这时候，我总替她捏把汗。最近一次朋友聚会，一大帮人被请到家里来，酒过三巡不免感慨，纷纷抚今追昔起来。她当然不会放过这样的机会，对于我的朋友，她有着同样旺盛的热情和占有欲。只见她端起海碗，先干为敬："预祝你们这帮'屌丝'，过不了多久一个个都变成'高富帅'哈，干！"我愕然地盯着她，不敢相信这样的话会出自她之口。朋友们显然很给面子，面对这般生硬并有些过时的段子，依然报以百分之百热烈的回应——

"好！干！"

烈酒干杯入喉，泛上暖意，不似外涂，即刻挥发得无影无踪，徒留一层寒意，触手微凉。她如给瓷器上釉般，为我涂抹酒精，一层细致均匀的保护膜。她转而从包里掏出一叠出发前打印的当地气象预报，喃喃搜寻着当天的气象信息，"晴转多云""小到中雨""多云转晴"……前天、昨天、明天、后天，就是没有"今天"的。她抬起头望向我，我回以浅浅一笑，示意她"听天由命吧"。她惶惑不已，明明记得收进手提包里了。起身走向电梯，不找出那张遗落的今日气象，她会提心吊胆一整天的。我看着她惊慌奔跑的背影，不合时宜地打了个饱嗝，一股肥腻发酸的猪肉味泛上来。我强忍住呕吐的冲动，从她托我看管的手提包里翻出那一小瓶酒精，瓶身毫不马虎地标有精确刻度，刚好是一天的用量。我随手将它丢进附近一只垃圾桶里，理了理衣领，面带笑意地望向电梯间，迎接挥舞着一张醒目A4纸凯旋的她。

万无一失是她的信仰，未雨绸缪是她的作风，百密一疏自然成为她的梦魇。

二

出发前，我明明带了酒精的，可是翻遍了整个包也没找到。旅游大巴已经发动了，引擎声轰轰作响，快和我太阳穴的跳动频率一致了，难不成是刚才翻找气象预报单时弄丢了？大巴缓缓驶离宾馆。算了，今天在外面小心点就是了，天气预报上显示今天是晴转多云，最高气温三十摄氏度，还不错。

导游握着一只劣质麦克风介绍着沿途风光，那只麦克风有点古怪，先是把导游的原声打散碾碎成“哇啦哇啦”的小颗粒，然后再扩散给一车人，传到我们这里，连“哇啦哇啦”都失真了，模糊成一蓬蓬“声雾”。大巴驶入一片阴影，是一段盘山公路，导游指向右车窗，“那……这就是我们今天的第一个景点，原始森林……以前山林湿热，雾瘴很重，我跟你们讲不要小瞧这个雾瘴……因此山里的人很容易得病……”导游一改前半段路上的插科打诨，语调里略带几分恫吓。我望向窗外，沿路高树丛生，树冠如盖，浓荫蔽日，车窗掠过一片暗影，映出一张戒备警觉的脸，是我的脸。我也感到意外，竟能从导游含混不清的“声雾”中，准确无误地捕捉到这一丝隐患，来自“雾瘴”的威胁。我扭头看看身边的他，大墨镜、大耳麦、大镜头，全副武装地闭目养神中。导游终止“声雾”的间隙里，可以清晰地听见耳麦里溢出的电子乐，激烈亢奋。真搞不懂，这个样子怎么可能睡得着？

不过有时候也真羡慕他。走到哪儿都能睡上安稳觉，颠簸的车厢、陌生的宾馆甚至卫生间里……那天我在厨房喊了好几声他都不回应，便挨个儿房间找起来，最后在卫生间的抽水马桶上发现了他。他为了一个摄影比赛，离家拍了一个多星期的外景，以前也因为摄影在外露营过，只是没想到这回会累成这样，双眼紧闭着在马桶上坐成一尊静物。我把他摇醒了，她好不容易睁开眼，眼神迷离，良久才意识到自己的处境。我也似有所悟，趁着羞耻感涌上来之前，故作镇定地退出卫生间，并带上了房门。门关上的那一刹，我泄了气，曾几何时我已经熟谙这样的伎俩，用沉默去化解两人之间的敌对、尴尬、羞耻，可是时间一长，两个人共处一室却都缄默不语，这无疑加重了尴尬，羞耻感有增无减。于是，我开始变得絮叨，哪怕“约定俗成”的琐碎细节，我也一视同仁，一并纳入“事无巨细”的言说中——

“白糖在储物柜的最上层。”他明明已经取下糖罐，我也不失时机地要后补一句。

“鱼缸隔一天换一次水。”家里的金鱼向来只我一人打理，这条信息于他其实是无用的。

他终于有些不耐烦，嫌我“嘴碎”。我又何尝不担惊受怕，每个家都自成体系，拥有一套自己的生活节奏以及磨合成型的习惯，而我把双方熟稔于心的这一切统统搬出来，不厌其烦地诉诸语言，不仅令他对我们之间的默契产生质疑，同时也是在挑战这个家的根基。根基变了，这个家也悄然改变着。我越来越聒噪，相应地，他越来越沉默，沉默得有些陌生。我是惧怕变动的，他以前没少嘲笑我，“一开电视尽看些婆婆妈妈的肥皂剧，一点营养也没有，用脚丫子都能想得到后续情节”，说着，还向我掰起指头罗列那些模式化的桥段……我笑笑，我看我的。

我何尝不知它们千篇一律，俗套至极？只是向来只见人们指摘数落“俗套”，却不见得有人拥戴推崇过“俗套”。“俗套”的重要性在于，它批量生产了一个个不易变迁，尽在掌控之中的世界，涉足这些大同小异的世界，我无须做出重大改变，亦甚少意外、惊奇，只求一个放心。

我还记得那一天，我像往常一样回家，那条路也是平日里走惯了的，偏偏那天遇上罕见的大堵车，两方车主无不焦躁地猛按喇叭，鸣笛声此起彼伏。我见缝插针地在车隙间穿行，绕到一辆奶白色大车后面时，那车毫无征兆地锐响起来，“呜呜”声拖得老长，像呜咽又像狂吠。我有个同事叫小芳的，就拿救护车做过文章，据她观察救护车的鸣笛是分两种的，一种是“有医……有医……”，那就要赶快让路；如果是“无医……无医……”，那就不用让了。我看着救护车如困兽般进退不得，只有一盏吸顶灯焦躁地原地旋转，也跟着焦躁起来。一辆出租车敞着车窗，即时路况广播从车里传出来：“前方青年路与琉璃路十字路口发生重大交通事故，造成多条道路交通瘫痪……”我掉头，决定抄小路回家。那是一条冷僻的小道，我很少走的，那一天实在万不得已，闹哄哄的事故现场，我不想掺和。我离开时，两边车流在交警的协调下，开始慢慢往后退，不情不愿地退避三舍，救护车也顺应车主们的心理期许，叫嚣着“无医……无医……”，火速开进……

我一个人走在陌生的小路上，异常安静，近乎死寂。目力所及皆是断壁残垣的废墟，断墙上残留着几个白石灰涂写的“拆”字，外加一道圈，俨然一枚公章的印子，也把不容分说的强力拓在了此处。有的残骸还能辨出先前的规划，看得出屋主的用心和盘算，但到底是清锅冷灶，人去楼空了，辨明了反而更凄楚。新楼盘的广告突兀地立在废墟之上，也是好几年前的广告文案了，广告牌都开始锈蚀了，仍不闻开工。这一片尴尬的留白，与广告上的“高档购物中心”蓝图，遥相呼应着，遥不可及的一呼、一应，各自为阵。因着一场意外，我无意另辟了蹊径，满目疮痍的蹊径，较之平日往返的大路以及两旁熟悉的景致，我感到一阵失落。

兜兜转转，拐出路口时，我暗下决心，明天无论如何都要走大路。单是“原路返回”这四个字，虽不无笨拙的讽意，但我仍喜欢字面上的稳妥安全。

可惜，注定再回不到原路上去了。我前脚刚进门，他后脚也到了，一脱鞋便钻进里屋打电动。因为路上耽搁，做饭时间相应地延后了一会儿，我喊他来搭把手，半天没有回应，我过去时只见他戴个大耳麦正玩得起劲，隔开几步，我都能听见乱七八糟的轰响。我一把扯掉耳麦，他立马跳起来，怒目圆睁，看架势是要跟我拼命的。我索性把他的电脑也强行关机了，他摔打键盘发泄，我则返回厨房，打开了油烟机。“砰——”透过油烟机轰隆运作的鸣响，我还是听到了一声关门声，我抹了把手走出厨房，果然，他不在房里了。

三

她不在房里。

玩了一天，回程的大巴清寂许多，只有导游仍然哇啦哇啦说个不停，面带倦色的人们与其说是在倾听，不如说是在极力忍耐。我调高了耳麦两格音量，仍难挡扑面而来的聒噪，真是无孔不入。她倒是安安静静的，不喜不怒，反正看不出情绪。我原以为少了贴身酒精的她定会手忙脚乱，闹出什么笑话来，可惜一天下来，她和平常并无二致，这让我多多少少有些败兴，加之一路上心怀鬼胎地尽留意观察她去了，反而错过了不少风光，或许这也正是她能如此安然忍受导游解说的原因吧。

回到宾馆，我先洗浴，再出来时已不见她了，电视上续着前一晚的争产肥皂剧。本能地反感，我换台到卡通频道，最新一季的《火影忍者》。她回来时从包里摸出一只半透明的小口瓶，瓶盖上有海贼王的头像，比起早上被我丢掉的棕色的那一只，实在可爱多了。“怎么样，好看吧？好不容易在一家饰品店里找到的。”她一边兴致勃勃地往新瓶里注酒精，带着点亡羊补牢的意味，一边告诉我，“本来想想算了，不找了，人生地不熟的，可还是让我找到了，那家店里好多这种小瓶子呢，各种颜色各种形状，老板是拿来当‘瓶中信’卖的，我明确告诉他，我只要‘瓶’，不要‘信’，僵了好久他才答应‘亏本价’卖给我的。”说完，她抢先笑起来。我勉强笑笑，并替她担心，笑得这般剧烈，不会洒漏了酒精吗？

她说说停停，似乎方才短暂的失踪里，她邂逅了太多的奇遇，然而她就是不松口表态，缘何会选择海贼王头像，这是我最钟爱的动漫。她不说，我也知道，不知从什么时候起，她开始有意迎合我的趣味，但又常常露出“亦步亦趋”的马脚，我也决定不点破，由着她，只是我追求新鲜刺激，没有常性，这无疑很难为她。

还记得好多年前的圣诞节，我收到了她的卡片，掖在枕头下露出一角，只等我打开。我惊异于她的蜕变。一直以来，她都是传统的，穿着打扮是传统的，离时装总差那么一小步，隔着妥帖的距离，仅止于观赏；做派是传统的，虽然平日里和单位同事嘻嘻哈哈，也能打成一片，但更进一步的泡夜店、通宵唱K她就统统敬而远之了，眼里向来只有清明、端午、春节这类中国节日，对“洋节日”嗤之以鼻。在明明不奉不信的节日里，送来节日祝福，我顿觉一阵伤感，就像很多明星模仿秀，不少参赛者的确到了以假乱真的地步，但终究他们的言行都是属于模仿对象的，终究隔着一层距离，活在别人的影子里，更别提那些拙劣失败的仿效了，看罢一阵心伤。她不知道现在的平安夜，大家都送平安果了，平时不见得有多受欢迎的苹果，借着节日外包上一层彩纸，登时销路上涨，成为巧立名目的“平安果”。她还是过时了，却不自知，更惨。

宾馆的电话响了，这回真的是导游。

四

他回来的时候，电话铃声适时地响起，他看了我一眼，我想从他的目光里捕获一些确定性的含义，可是电话那头的哭腔分散了我的注意力，“玲姐，你丈夫出车祸啦！大面积出血，现在正抢救呢。”电话那头是小芳，一个刚来没多久的实习护士，卫校刚毕业，年纪很轻，比我儿子大不了几岁，平素和我亲，工作之余一起开玩笑惯了的。我清清嗓子，故作正色道：“别以为我不知道你们小年轻的那些伎俩。”坐在沙发上的我，得意扬扬地跷起了二郎腿，尽管小芳看不见。

小芳不依不饶：“玲姐，我真没骗你啊，你不信打电话给住院部那边查查看啊，我是因为见过姐夫的照片，所以一眼认出来了，病房号是五〇几来着？

反正是在五楼。”小芳说得有鼻子有眼的，我不由得有些紧张。他走进卫生间，我等他关上房门，赶紧又拨了一个电话到住院部，报上姓名、身份证号，片刻后被告知查询无果，我当即哈哈大笑起来，笑得对方莫名其妙，甩下一句“神经病”，电话断了。他从卫生间探出头来，也是一脸惶惑，我这才意识到自己的得意忘形，这个小芳，看我明天上班怎么收拾她。

已有吃罢晚饭的左邻右舍步出家门，在楼下散步了。我和他终于耐不住，先后开动了，划开炒蛋的时候，底下的番茄汁涌上来，猩红的一片，我感到一阵不适。我们两个默默吃完饭，谁都没开口。收拾完碗筷，小芳又打电话来，我没好气地回敬她：“都戳穿了，还来啊？谎言重复几遍可就愚蠢了啊。”说完，我又大笑几声。小芳在那头却快气哭了：“玲姐，真是姐夫啊，我刚做完笔录出来，姐夫出门怎么什么都不带的呀，交警那边这会儿刚弄清楚身份，估计马上就会通知你了。”我也不知道那一天我怎么会那么自信，仍旧笑眯眯地回敬小芳：“呵呵，你是不是想让我这会儿马上出门，上气不接下气地冲上五楼，然后你就跳出来，大喊一声‘节日快乐’啊？”小芳一听哭腔更重了，我还心想这闺女入戏够深的啊，“玲姐，那姐夫回家没啊？姐夫今天是不是穿宝蓝色衬衣，卡其布中裤，鞋面是……”无须再听了，我胜券在握的笑意迅速萎缩，我真的怕了。正如小芳所说，很快交警方面打来通知电话，我木木地听着，木木地挂断。“哈哈哈哈哈哈哈哈……”不知为何，我又大笑起来，穷途末路的苦笑、干笑。他气急败坏地从里屋冲出来：“有完没完？有本事说出来也让我乐乐啊！”我盯着他挑衅的嘴脸，一咬牙冲口而出：“你爸死了。”

“疯子！”他剜了我一眼，回里屋继续打游戏。我瘫在沙发上，木木的胳膊渐渐软化，耷拉下来触及裤袋里的硬物，掏出来一看，是一家三口的身份证。那天上午我收齐身份证前往一家旅行社办理出行手续，只等儿子一放暑假便动身出发的。丈夫嚷嚷了许久，一直想要换号转成全球通业务的决心，也因着这趟出行计划，终于落实了，早上出门前他特地换下旧的手机卡，意气风发地走了，一去不回。我想象他倒在血泊里，浑身上下除了血污，无任何可证明身份的物件，一个无辜惨死的法外之人。

检视着身份证上的他和他，父子两个愈发相像了。有一度，我竟然看见儿子也躺在了血泊里，再定睛细看，却还是他，可是下一秒我又疑心是儿子，狼狈地钻回人堆再三确认……整宿连续的噩梦，不单再三提醒我，他已走的事实，也警醒我，尚在人世的他不见得有多安全。危机四伏，我须严阵以待，防患于未然。

他和他，都是我的梦魇。

五

父亲死于四月一日，愚人节。

我跟母亲大动干戈地吵了一架后，双方陷入了冷战。半夜，父亲的尸体被送回家过夜，她平静地坐到父亲的书桌前，写写算算规划着丧葬事宜。她问我要计算器，我马上找出来乖顺地递过去。整晚，家中并无哀恸呼号，祥和得反常。望着在灯下紧张演算的她，我甚至怀疑傍晚在同样的地方猖狂大笑的，真是另有他人。夜很深了，她还在那儿写个不停，手指发力极大，握笔的右手四个指关节，绷出四团死白色。

我总觉得那天傍晚的母子“内讧”，隐约与父亲的死有关，因为那种不愉快的空气充斥家中，噩耗是很容易乘虚而入的。母亲耗时一年完成，挂在婚照旁的“家和万事兴”巨幅十字绣终究只是个家宅理想，过于纯粹了。不得不说，这成了我的隐疾。对于父亲的死，我负有责任，不知道她作何感想。那一晚，想起母亲罕见的狂笑，她是甚少这样失分寸的。以接踵而至的父亲的死讯，让她悲从中来。她是可怜的。

导游在原始森林景点给我们安排了四十分钟的自由活动时间，她偏偏不慎把脚崴了，行动迟缓的我俩，慢慢地就脱离了大部队。她一瘸一拐坚持不要我扶，只让我前方开路。父亲走后，我俩一直维持着这样的关系，客气得如同陌生人对陌生人。那个隐疾在时刻提醒我：和睦！和睦！她也默契十足地呼应我：和睦！和睦！

正如下午置身于原始森林那样，这些年，都是她在追着我走，她不知道会走向哪里，却义无反顾地咬定我、追随我，以至于当父亲的噩耗传来时，后天习得的经验战胜了先天直觉，单纯地以为那只是个愚人节玩笑，娱人娱己；而我在这些年里，始终稳坐正中，心安理得地做着那个被临摹勾画的葫芦，由着她费尽心思，依葫芦画瓢去。当然她画走样的时候居多，我捧腹大笑的机会自然也多，我以笑代哭。

我怀念那个宾馆餐室里的女人，直言不讳，心口合一，在我所不得见的另外的时间另外的地点，想必她一定也会毫无顾虑地放声大哭、破涕为笑，只要她想哭想笑的话。如果我有这样的勇气，我和母亲之间或许也不会如此了。

她吸取教训，把那小瓶酒精放入手提包最底层，“睡吧。”她爬上床，长长地呼出一口气。

“嗯。”我淡淡应道，走到窗边往外探，还是没有月亮，未经浴室百叶窗过滤的街灯，只是街灯，白晃晃的一盏，寂寂地亮着，毫无艳异之感。那个湖蓝“月光”下挣脱“沉沦”后所做的决定，暂且先缅怀低回着吧。

六

“加油，对不起……”

“加油，对不起……”

“加油，对不起……”

“加油，对不起……”

“加油，对不起……”

“加油，对不起……”

“加油，对不起……”

“加油，对不起……”

“加油，对不起……”

“加油，对不起……”

我机械地写着这两个词，一行一行一直写到后半夜，写满了整本账册，是自我鼓励也是自我毁弃。往后的日子，我和儿子都要加油了；也是这一晚我把后半生的“对不起”都写光了，以后就再不说“对不起”了，弃绝了抱歉也就弃绝了伤害。

在这次双人旅游出发前，我收到了一只包裹，是他参加摄影比赛的证书和结集出版的作品册，我在“二等奖”那一栏找到了他的作品，竟然拍的都是我！我对他的小动作真是一无所知，也幸好事先不知，否则我不可能那么自然地切菜、洗手。咦，有一张上的我竟然有点双下巴了，我警惕地走到镜前，四下打量，还好虚惊一场，只能归因于拍摄角度了。最后一张本应该贴作者近照的，他却附了一张题为“三口之家”的老照片，相片上只有我和他，面目整个糊掉了，只能凭着轮廓辨人，配文写道：“父亲第一次为我们拍照就失了手，我和母亲的像都虚了，可是父亲说，这是他的处女作，坚持要保留，母亲也跟着声援说那天她没睡好不上镜，模糊一点刚好可以营造出朦胧美。这就是我的三口之家，自我感觉良好，却也敝帚自珍。”

好一个臭屁的“三口之家”，立意独到的“圆满”。我万万想不到成天玩电子乐、摇滚乐、电玩游戏的他，还有这一面的细腻、匠心独运，与平日里在我面前的他截然不同。这无异于重大发现，无意间窥破了他深藏的秘密，我像个掘到宝藏的探险家，手捧着第一桶金，震骇欣喜之余，行事作风也更低调起来，生怕同行们蜂拥而至，打草惊蛇，扰了宝藏。

至今他仍蒙在鼓里，但终有一天，我会把画册和证书都悉数奉还，当他、当我都不再羞耻的时候；同时，那也将是整座宝藏经我一点一点地挖掘终被我搬空，并又有新宝藏浮出地表之日。

嗯，我就是这么想的，不知道这算不算未雨绸缪。

成 长 之 夏

文/李雪

他要用最好的状态，去迎接这个盛大的夏天。

1 他和谁都不太熟

“周晗。”

他听见有人在叫他的名字。他扭过头去，看见身后的陶薇。

陶薇把手中的同学录递给他：“这个帮我写一下，谢谢。”

他和陶薇其实不熟，只是同学而已。

高考越来越近了。教室前方的墙壁上醒目的红字，提示离高考还有65天。这种感觉有些像生命的倒计时。等地铁的时候，周晗看到了这样一则新闻，有款新发明的手表，显示的是死亡倒计时。目的是让人们珍惜生命。可是周晗觉得，如果自己真的有了这样的一块手表，内心会害怕。他不是怕死，他是怕那种临近的感觉，分分秒秒都在敲响着丧钟。

他坐下来，仔细看着陶薇递给他的同学录。白色的封面，上面有着唯美的花朵。倒是很符合陶薇一向的审美。他见过这种花，陶薇的QQ头像就是这种花。他记得陶薇说，花的名字叫曼珠沙华，也叫彼岸花，代表死亡，亦代表新生。这种花连接着天堂与地狱。

其实，在这个班里，他和谁都不太熟。他是插班生，是复读生。复读的原因很简单，英语太差，其余的科目属于中等偏上的，尤其是数学，文科生的数学普遍分数不高，可他偏不，他的数学是一枝独秀，满分150分，他往往可以拿到120分以上。可惜，高考看的是总分。

捋了捋耳边有些长的头发，他拿起笔，开始往同学录上写字。

他并不知道要写什么，翻看其他人写的，无非是些无关痛痒的话。去年他也有这么一本同学录，可是今年，他不打算再准备了。真正的怀恋，真正的友谊，是无须用笔去记录的，应该是用心的。

最终，他写了一句平庸的话。

祝你考上理想的大学，一帆风顺。

在他复读的那个冬天，其实他就有点后悔了。复读对于提升他这个老大难的英语分数简直是杯水车薪，早知道他就不复读了，还不如去年直接上个专科院校，选个好一些的专业。

他还记得十七岁那年的冬天，父亲带着他去吃了一次肯德基，顺便在对面的运动品牌店里给他买了一双鞋子。那是他最后一次见父亲，之后父亲的手机一直停机，仿佛从这个世界消失了。他隐隐觉得，可能这个他叫父亲的男人就此从他的生活里消失了。那双鞋他一直放在床下，全新地静静地躺在鞋盒里。

六岁起，他就跟着母亲。而他的单身母亲一直忙碌。母亲是所谓的金领，有永远开不完的会议。母亲的英语非常好，可惜一点也没有遗传给他。

母亲为了方便他上学，在学校附近租了一套房子，两室一厅，面积比较小，但是家具和电器都是齐全的。据说，这是之前学校分配给老师住的房子。午休的时候，周晗步行大约10分钟，就可以到居住的地方了。中饭一般都是在学校食堂或者外面的小店里解决的，有时候也去便利店直接买便当。母亲的饭菜做得其实不错，但她太忙。

放学铃声响起，周晗合上课本，起身走出了教室。

他今天很困，大约是昨晚睡得太晚的缘故。昨天他在微信上看到以前的同学分享着大学生活，他真的是羡慕的，至少不用像他这样在所谓的炼狱高三再待一年。

随便买了点拉面，三两口吃完。看见身边和他一样穿着校服的孩子，三三两两的，耳边时不时传来嬉笑声。

他拉了拉袖子，结账。

他此刻想马上跑回家去，躺在柔软的床上，微闭着眼睛，什么都不要想。

家中自然只有他一个人，母亲中午是不回来的。阳台上晾着母亲一大早洗好的衣物，在好看的阳光下随风飘着。他知道，母亲一个人把他带大不容易，他亦知道，他是母亲生命中的希望。他是真的不想让母亲失望。

他躺在床上，很快便睡着了。午睡真的是一件特别惬意的事情。

2 又是英语考试

他把同学录给陶薇的时候，陶薇正在和同桌聊天。陶薇看了看他，轻声说了句“谢谢”。他隐约听到，她们在聊一本时下很火的武侠小说。他也爱看武侠，像金庸、古龙、梁羽生的作品他初中的时候就都看完了。

下午有场小测试，科目是他最不擅长的英语。想到这里，他的眉头稍微皱了一下。如果不是英语，他也不至于今年在这里二次高三。

英语老师抱着一叠卷子走进教室，教室里面一下子安静下来。

窗外则是一片风景，楼房、树影、天空、白云。云淡风轻。

卷子分发下来，周晗看着卷子上面的字母组合，一阵头疼。这些字母他都认识，可是组合起来真是伤脑筋。无奈地凭着感觉开始答题。ABCD选项觉得哪个像就选择哪一个。

收音机里放着听力题目，基本听不明白是什么意思。

老师则是坐在讲台上，和往日一样的中分头发，金属框眼镜，年纪并不大，好像还没有结婚，教学倒是十分卖力，对学生也还不错。前不久还找过周晗去办公室谈话。可惜周晗对英语真的没有太高的天赋，也没有过多的兴趣。

随手在试卷上勾选了觉得正确的答案，听力完毕之后是一片翻卷子的声音。每场考试都是一种煎熬，英语考试更是如此。他再次抬头看了看坐在讲台上的老师，他在想自己以后会做什么呢，会不会以后也像母亲那样忙碌呢？其实，千军万马过独木桥般的高考，不也就是为了以后吗？

正在这时，居然从开着的窗户处飞进来一只小鸟。安静的教室一下子骚动起来。周晗收回思绪，目光跟随着小鸟移动。小鸟是褐色的，挥动着翅膀在教室里飞翔着。这应该是一只误入教室的鸟儿，此刻正在寻找通往天空的出口吧。

坐在窗边的同学们马上把所有窗户打开了，大家的目光都聚焦在了鸟儿的身上。老师站了起来，似乎也没有预料到这样的突发情况。

这只突然出现的鸟儿明显也受到了惊吓，扑棱着翅膀，极力想尽快地离开这里。而周晗心里此刻也是那么强烈地希望鸟儿能尽快飞出去，飞到那本应该属于它的天空去。

终于，大约10分钟后，鸟儿从窗户飞出去了，义无反顾。

“好了，都看完了。大家继续考试。”老师说。

3 参考答案借我看看

晚自习在晚上九点结束。此时窗外的天空隐隐泛红，仿佛城市笼罩在红色的迷雾中。路灯依旧，人们的身影在灯光下拉长。

城市夜晚的马路上，车辆依旧奔驰。时间从未停止过，年复一年。

口袋里装着迷你MP3，是前段时间在淘宝上淘的，携带非常方便。里面下载了些他平时喜欢的歌曲，课间或者是路上的时候他都会听听歌。

车子从身边开过去，引出呼啸而过的风。而人与人擦肩，不知道会引出些什么。学校对面的文具店依然挤满了人，这间离学校最近的文具店占尽天时地利人和，生意一直好到爆。他想起那支摔到地上之后不再好用的笔，也决定去文具店里挤一挤。他需要买一支黑色的中性笔，他希望新买的这支笔可以用长久一点，至少不要像上一支那样那么快夭折。

这所学校给他留下的印象并不很深刻，只是复读的时候才过来，和之前他上的学校是齐名的，也是重点中的重点。这样的重点高中都有同样的压抑感，还有同样的香樟树，如同这个城市道路两旁种植的那样。

他没有直接回家，而是穿过两条街，走到地铁站附近的夜市。

夜市里的小吃比别处卖的便宜些，而且味道好得出奇。周晗喜欢下了晚自习来夜市吃点东西，他个人觉得夜市才是最有人间烟火味的地方。来这里摆摊的多数都是无证经营，一旦城管到来这些小摊小贩跑得比谁都快。这些人，就指望着每夜的这些生意来补贴家用。据他所知，这些小摊贩里面就有他以前的同学的父母。那位同学很争气，考上了重点大学，国家211的大学。

那位同学一直是班级里的榜样，各科成绩名列前茅，一直是老师眼中的尖子生，也备受各科老师照顾。据说，他的父母原本是在工厂当工人的，下岗之后就在夜市摆摊，每天做生意到凌晨四五点，非常辛苦。而他们的儿子异常争气，从小到大就是父母的骄傲。

周晗至今也没弄明白父亲为什么会和母亲分开，他也问过母亲几次，母亲不是找其他话题岔开了就是答非所问，次数多了，他也就没有再问了。

他买了辣椒豆干和火腿，摊主和往日一样同他打着招呼。有时候也会遇到同学，彼此问候问候，各自买了夜宵之后散去。这会儿他看见了陶薇，和一群女生叽叽喳喳地说个不停。果真是三个女人一台戏，这一群女人哪，热闹非凡。

城市的天空星光被灯光取代，极少时候能看到星星。听母亲说，他们小的时候在乡下，几乎每晚都能看到星星。

“陶薇，你觉得下次月考你能进年级前十吗？”

“不知道。反正我怎么考都是在第一考场。”

学校月考的考场是按照名次排的，差不多40号人安排一个教室。陶薇每次都是第一考场，无非就是看第一考场安排在哪个教室了，无论考成什么样子，永远都是前40。但是陶薇知道，这个学校的前40根本算不上什么，这届的文科生真心不怎么样。

女生中有人看见周晗了，跟他打了个招呼，他也礼貌地招了招手。

这个夜市主要是赚学生的钱，所以很多东西的物价也是考虑学生的经济能力。大家也一致认为夜市里的东西比学校食堂的好吃，花样也更多。如果不是因为学校在晚自习的时候强制学生不许出校门，估计他们连晚饭都要跑夜市来解决呢。

才走出几步远，他听见有人叫他。

他看见陶薇朝他走过来。

“那个数学的参考答案借我看一下，今天有个题目我还没弄清楚，我晚上回去看下答案。明天就还给你。”

“哦，行。”他说着从双肩包里拿出一摞答案递给陶薇。

这个答案其实就是参考书后面撕下来的。学校一般把书批量买回来，各个班的老师通常是把答案撕去之后再发放给学生。班里面这个答案就周晗有。周晗手上的也是去年的答案。这种参考书一般每年修订之后不变的内容有九成以上，所以去年的答案也是很有参考意义的。这本答案的存在班主任也是知道的，但是也不好说什么。一是因为周晗的数学本来就挺好的，再说这个本来就是去年的。

和周晗相比，陶薇的数学就要差一些。但是陶薇的各科比较均衡，其他科目也不差，数学差的那几分，别的科目随便就拉起来了。

其实在班上，陶薇算是比较有希望进入重点大学的学生，老师也会比较照顾她。但是陶薇自己有时候并不那么领情，她似乎并不喜欢被别人安排。在陶薇看来，自己愿意去做的事情才是第一位的。

4 握手不及格队友

很不幸，周晗又迟到了。高三，每个班都有早自习，时间异常早。像去年周晗的班上规定的是七点一刻开始早读，这次复读的班级则是规定了七点过十分就开始早读。冬天的时候他是经常性迟到，天气转暖之后好了很多。但是迟到还是没有办法彻底避免。

他喊了声报告，进入教室。班主任看了看他，没有说什么。大家对他的迟到是见怪不怪了。罚擦黑板也好，打扫卫生也好，也都不是什么大不了的事情。

从今天起床的那一刻起他就知道自己肯定迟到了，一路上也没有什么特别的压力，也没有什么想法。反正已经是注定要迟到的，所以早饭也依然去买了，炒面加豆浆，打包拎到了教室，等早自习下课那个课间再来解决掉。虽然课间只有短短的10分钟，但是经过这么多年的训练，他吃饭的速度也不是盖的。10分钟，已经足够。以前还在班上和同学一起比赛吃面，比吃面的速度，食堂里买的拌面，三分钟就可以吃一碗。想到这个面，前几天班上有同学居然直接从家里带了开水瓶，课间泡面吃。这事班主任也没怎么管。

班主任的孩子已经读研究生了，估计就等孩子成家立业了，很多事情都看得很开。班里的学生喜欢买饮料来喝，她看见那么多饮料瓶子也不生气，拿个塑料袋叫大家都扔进去，然后自己找收废品的卖掉，还在班上说："你们扔的瓶子我上次拿去卖了5块钱，今天我就坐了个三轮，多好。"

周晗觉得自己上学这么些年，这样的班主任还是第一次遇到。可就是这样的一个班主任，大家还想尽办法进她带的班。

早自习通常是读书，像语文就是读词组什么的，平时一般用不着的词组，要知道到底应该怎么读，比如"刚愎自用"这样的。每天读这些周晗觉得挺无聊的，这样的模拟题做多了，看到什么都像是读音错误、错别字；要么就是读英语，读得周晗反倒是想睡觉。在半睡眠的状态下，早自习结束了。

周晗打开炒面，开始三下五除二地解决。他发觉，今天的炒面盐放得有点多，他只好赶紧喝豆浆。

"大家赶紧交作业了啊。"数学课代表扯开嗓门开始叫。这个女生说话声音本来就大，这一叫，班上的人肯定都听见了。课代表是劳碌命，每天劳动。至少周晗是这么觉得的。周晗还是觉得有些困，不自觉地打了个哈欠。

咸的东西吃了有些不舒服，但是已经吃进去的东西是没有办法再吐出来了。周晗懒洋洋地趴在桌子上，眼睛又望着倒计时牌。每天的生活就是这样，什么时候才能有点新意？

周晗的想法有些多，反反复复的，从自己选择复读的时候起，目前是思绪最乱的时候。他也知道在这个时候不应该想这么多，但就是控制不了自己的想法。这些想法总是在不经意间跳出来。周晗想，再努力一点，明年绝对不要再复读了。去年一年和今年，这两年身心俱疲，千万不要再来第三年了。

周晗轻轻地叹了一口气。

估计上次的英语考试成绩快出来了，接下来就是英语课。那份自己不忍直视的卷子很快就会降临在他面前了。他的手里拿起才买的笔，开始转圈圈。因为转圈圈，许多支笔阵亡了。虽说这的确不是个好习惯，但是既然是习惯，自然不是那么容易改掉的。

教室里弥漫起一股泡面的味道，不用想，带开水瓶的那位又开始了。

周晗把手伸进桌子抽屉里，抽屉里比较乱，各科参考书和试卷都堆放在里面。他准备拿一摞书出来摆在桌上，一会儿当作上课打盹的掩护。

高三也好，高四也罢，就是在无限的忙碌与劳累中找机会偷懒。

惨不忍睹的英语试卷。周晗觉得累，非常累。剩下的六十多天，熬过去，今年考上什么算什么。

他掏出手机，给沫沫发了一条信息。

“沫沫，我觉得好累。你在干什么呢？”

沫沫是他在网上认识的朋友，互相留了手机号。沫沫回复他的短信总是很快。

“再撑几天就好了。我刚才买了炒面和豆浆。”

“是吗？我早饭也吃的这个。要上课了，下课再聊。”

他赶紧收起了手机，用手机其实是学校禁止的，但是学生自己只要放好了不被老师看见，一般都没什么问题。毕竟这个年代，手机已经非常普及了。

英语卷子最终还是发下来了。周晗瞟了一眼，似乎是69分，又没有及格，意料之外情理之中。

突然同桌说了句：“周晗，你卷子拿反了。”

拿反了？难道分数有转机？

周晗赶紧把卷子倒过来，顿时无语了，倒过来还是那两个数字。

“还是69啊。”周晗说。

“咦，是的呢。”同桌也说。

他瞅了一眼同桌的试卷，88分。150分满分的卷子，90分才及格。唉，一样的红灯高照。

“来，握个手，不及格队友。”说着，周晗伸出手去。

5 谁的青春期如此漫长

“又长痘痘了。”陶薇对着镜子嘀咕。

额头上的痘痘总是形影不离，一波未平一波又起。她记得网上有文章说额头上长痘痘似乎是压力太大引起的。陶薇觉得自己可能得了高考综合征之类的病症，比如一听说有比较大的联考月考什么的，连续几天考试下来，肚子就会莫名地不舒服，上个月还闹肚子，闹得特别厉害。

她有点怀疑自己高考的时候会不会考着考着就要跑厕所。

陶薇往痘痘上涂了点祛痘的粉刺露，不管效果怎样，涂上了粉刺露心里多少有些安慰。清凉的感觉立马从痘痘处开始蔓延。

什么时候不长痘痘了是不是青春也结束了？

从小到大，陶薇的学习成绩都不差，只是临到高考了，却莫名地有些惶恐。陶薇看着镜子中的自己，脑子里面想的却是一会儿是上会儿网还是看点小说，总要找点空放松一下。

高三除了晚自习还有补课，其实算下来，一周也就只有那么不到一天的休息时间。周六没有晚自习，但是周日下午就得去上课。难得的就周日上午有那么点点空闲。而且今天正好家里大人加班，自己干什么都比较方便。

内心深处，陶薇还是蛮喜欢可以自己支配的自由时间的。可是她上大学的表姐时不时跟她抱怨，说学校宿舍的条件怎么怎么不好，老想回家。陶薇说：“表姐，你那可是离家自由了。”

或许等她上了大学之后会有其他的想法吧，或许也会和表姐一样想家吧。

她从冰箱里拿了一罐酸奶，坐到电脑旁边。

她对新闻不感兴趣，她上网主要是看看大家空间里的分享什么的，顺便看一下有没有跟高考相关的消息。她知道，今年高考的人数特别多。父母想让她上离家近点的学校，她倒是无所谓。如果说小时候还有梦想，那现在真的没有什么特别的了，高考的杂志上面分析得很现实，多少分一个段，能上什么学校，什么专业冷门，什么热门。她肯定是找个学校选择好专业，然后服从分配。而上什么学校，她小时候有想过，清华北大什么的，也是长辈一直教导的，就像所有的小朋友一样，都会有意无意地被灌输，要上清华北大。但是等她渐渐长大了，才发现小时候所知道的学校是那么遥不可及，然后和一大群学子一样，对自己的未来既期待但又充满了迷惘。

酸奶很快就喝完了，陶薇看了几个搞笑的小视频。去自己的QQ空间看了看种的菜，偷了点菜。她其实对这个游戏不感兴趣，是被表姐拉进来玩的。表姐为了偷这点菜还去弄了个黄钻会员，这在陶薇看来是件很奇妙的事情，起码以前的表姐是不会这样的。

表姐对此的解释是：“你以前还不喝酸奶呢。记得你到我家来玩，给你个酸奶，你愣是不喝。现在还不是酸奶每天断不了。”

人的某些习惯是会慢慢改变的，改变了应该也不叫习惯了。

上学、睡觉、吃夜宵，偶尔遇到戴着红领巾的小孩子，觉得他们现在的校服比自己以前上小学的时候要好看了。那时候大家写作文，总是写扶老奶奶过马路，也总是骄傲自豪地说“我的名字叫红领巾”。

手指在键盘上敲打，发出声响。看看豆瓣上面大家对电影的评分评价，想着高考结束之后应该会有时间把高三漏掉的电影补回来了。突然想起数学卷子的最后一题还只解了一半，顿时皱了皱眉。数学老师看她这个样子，也是说后面的能做多少算多少，前面保证正确率，后面的题目没法保证的，不要花太多精力了。言外之意是，你的数学天赋也就这样了，再努力也估计不行了，你就做你能做的吧。其实听到这些话的时候陶薇是有些挫败感的，虽然表姐说数学到大学之后尤其是学文科专业后，真的是用不上了。

或许这些都是早就注定的，像来复读的周晗，就输在英语上。真正什么都特别好的人估计很少，那样的人是有希望去清华北大的，普通人想想还是算了。

6 没有终点的终点

时间过得说快不快，说慢也不慢。女生们已经在讨论毕业照的时候穿什么衣服了。每年的毕业照虽然学校都是统一要求穿校服合影，但是在这个数码产品普及的时代，自己留影也不是什么难事。

通常最后一轮模拟考试之后就是等待毕业，等待考试，也算是高考前相对来说轻松一点的时段，就好像马上要被拉到菜市口去问斩，上路前的最后一顿。

周晗在下午课程结束、晚自习前的吃饭时间，独自一人跑到学校图书馆的天台上坐着。图书馆的这栋楼，是学校里最高的。在这栋楼的天台上，可以看到学校里面的景象：三五成群的学生，他们有着最美好的青春。很快自己就要离开这里了，自己曾经是现在依然是他们中的一员。百感交集，思绪万千。周晗把双手插进校服的口袋，微微闭上眼睛，任凭那些穿过楼顶的风吹过。

“沫沫，我突然觉得自己的青春正在向句点靠拢，突然觉得什么都抓不住，都像风儿一般飘走了。”他不知道可以向谁倾诉，此刻，他只好发短信给这个未曾谋面的网友。

“所有的一切都将归于平淡，何必在乎是否抓住，拥有的才是最真的。”这是沫沫的回复。

夏日的气味越来越浓了，周晗看着西边渐渐下沉的太阳，他知道，这个时刻，夕阳穿过树叶的缝隙，穿过窗户，可以照进教室。一切都如同无数个黄昏那样，稍带忧伤。

扭头时看见一个身影。不是别人，是陶薇。

“好巧，你也在这里。”陶薇说。

“嗯，这里可以看风景。”

“是啊，很久没有上来看看了。想想在这里的时间也不多了，也许毕业之后再也不会回来了。”

离开这里，滋味很奇特。一方面，这无比黑暗的高三即将终结，离开就意味着这样的日子的结束；另一方面，这就像是一个仪式，和高中时代告别。

“初中的时候我就想，要考上这所高中。到了高中才发现，这只是无数站点中间的一站，并不是终点。不知道什么时候才会到终点，什么时候才可以到达彼岸。”陶薇默默地说。

“地铁的终点站，到站之后又是新的起点。”周晗说，“所以我从来不考虑终点。”

两个人在楼顶站着，各怀心思。

如果是电视剧的情节，一男一女在楼顶，好像总会发生点什么，但是他们很平常，没有一点波澜。

“我去食堂吃饭，先走了。”陶薇说。

“嗯。”

周晗没有胃口，或许是中午吃得太饱，一点饿的感觉都没有。

7 这一刻好幸福

他回家的时候，意外地发现母亲已经在家了，似乎还在和谁讲着电话，好像是说什么去新加坡的事情。

“这事儿我跟小晗商量下吧，我尊重孩子的意愿。”母亲说。

是什么事情，居然和自己有关？周晗有了好奇心。

“妈，我回来了。”他说。

“回来了。洗手吃饭吧。今天我请了半天假，提早回来了。”

“哦，今天不忙？”

“也不是不忙，我让小徐帮我跟进案子去了，他应该没问题的。我好久没和儿子一块吃饭了。来，坐。”

周晗在母亲身边坐下。他很珍惜和母亲在一起吃饭的机会，而且今天还是母亲亲手做的饭菜。他觉得，这一刻好幸福。

母亲做了他最喜欢的土豆烧鸡。土豆软软的，嚼起来很香。

一桌子诱人的菜色，弄得周晗一直在想，今天是什么特殊的日子吗？

母亲看着儿子吃东西的样子，嘴角浮起一抹微笑。

儿子是她最大的财富。她所做的一切，都是为了儿子能够有更加美好的未来。

窗外阳光明媚，一派欣欣向荣的景象。

“小晗，高考结束之后我们去新加坡玩几天怎么样？”

“妈，还没考呢，怎么就安排以后的事情了？我无所谓，反正也没什么别的事。”

“你爸去新加坡那边了，新工作进展得不错。他想安排你过去看看。”

“行吧，你们看着安排。”

原来父亲出国了，怪不得这么久没消息。虽然周晗不懂父母之间到底是怎么了，但是他有种感觉，父母之间的那种信任是一直存在的，就好像他们分开之后，彼此都是单身一人，似乎都在等待着什么。

周晗拿起睡衣，去卫生间洗了个澡。

在这渐渐热起来的天气里，每天洗澡是件惬意的事情。

水汽弥漫在卫生间里，有些飘飘欲仙的感觉。他想起《志明与春娇》里，志明每次去买冰激凌都会要干冰，然后把干冰放在马桶里制造仙境的效果。他想，如果自己也能找到这样的冰激凌店，估计也会这么干。

沐浴露里夹杂着迷迭香的气味，这是他最喜欢的一种沐浴露，能有效抑制皮肤瘙痒。母亲每次采购这些用品都会征求他的意见。母亲很忙，更多的时候是网上下单，然后送到楼下门卫那里，再由他放学的时候带回家去。

他将热水器关掉，用毛巾擦了擦头发，看见镜子里的自己，美好的青春年华，十八岁的美少年。

他要用最好的状态，去迎接这个盛大的夏天。

知音稀

每当我追溯自己的青春年华时，那些日子就像是暴风雪之晨的白色雪花一样，被疾风吹得离我而去。

——弗拉基米尔·纳博科夫

不日远游

文/段立文

她刚能下地走路就无论如何也不愿意在这儿待着，嫌贵。我说：“你跟我走吧，我那地方是小了点，好歹还能挤得下，你不一直想住楼吗？”她说不，我要回老家，我死也得死在那里。我说：“妈，那间小破屋早就给你卖了。”她看了我一眼，黑眼珠仍旧灰暗无神，可胖脸上的脂肪细胞却都被抗生素杀死了似的，皱纹一加深，整个人变成了风干核桃。她说三十年啊，怎么就这么没了呢？

记得那天搬家到最后，我和我爸预备把那张大床抬出去。这时我从床头和墙面的缝隙中找到了一张照片，不知道在这里扔了多久，整张照片完全发黄，边缘被地上的湿气洇得一层一层，最外面还长了黑绿毛。隐约可以看出这是我们三个人的那张合影，她很宝贝地看了无数遍，也念念叨叨地给我说了无数遍。只因为这是后来她找人合成的。照片上我们三个人站在故宫某个殿前面，事实上我们从没有一起出现在那个镜头里。她那时竟还穿得进去黑色半身裙，而我不过十一二岁的样子，刚到她下巴。她一手拿着帽子，一手掐腰，紫色桑蚕丝上衣配黑绸裙子，小高跟黑皮鞋。对着镜头的时候，嘴角就上翘那么一点点，下巴微微抬高。

当时年华尚好。这一晃，不觉十五年就过去了。她的三十年，也说没就没了。

我应该是一个记事特别晚的人，六岁之前发生的事情到今天完全一点印象都没有，所以任何跟我讨论动画片的人，都很怀疑我在这世界上的前几年到底在做什么。难道只是睡觉长大脑吗？也有可能。那一年我可能是七岁，也可能更大一些了。

我一般深夜醒来，看到的只是她一个人躺在我身边，日益臃肿的身体瘫在被子里，上半身靠在床头。爸爸总是没有回家，电视里连续剧往往播放完毕，广告一条接着一条在屏幕上跳动。而她的脑袋早就掉到了脖子上，张着嘴巴任口水往下流，变着频率与声调打鼾。我看到这稀松平常的情景，闭上眼睛在她交响曲般的鼾声中沉沉睡去，直到天亮才再次醒来。可那天晚上她在打电话。她穿着一件黑的吊带衫，黑色半身裙，衣服全都紧紧地箍在身上，显露出宽阔的肩膀、圆润的手臂、丰满的胸部、有一圈赘肉的水桶腰和鼓鼓的小腹，整个人是那样饱满而且高大。她挂掉电话，把这边屋子的门上锁。过了一会儿听到大门打开的声音，有个人把车子停进来却一言不发。又过了一会儿，她的叫声穿过午夜的庭院和墙壁，从另一间屋子传到我耳朵里。

而在这间被锁起来的漆黑的小屋里清醒着的我，却清楚地听见屋里沙发或者其他什么地方传来打鼾的声音，那声音时断时续。究竟是怎么回事呢？我不敢开灯看看，也不敢给爸爸打电话，这样过了一会儿，也就睡着了。

很长时间内我爸回来的日子总是屈指可数。他一般就在家吃个中饭，吃完饭就要走了。而她也总在吃完饭的时候对我说，你出去玩一会儿，我打发你爸走。打发，一个多么微妙的词汇。我就一个人走到中午的大街上，走过一整个空寂荒凉的北方农村。我就一个人走到能看得见田野的地方再回去。田野上种了麦子或是玉米，可庄稼总会发黄显得没有生气。一趟一趟，往往转悠到傍晚才回家。她那时还算年轻，生机勃勃。亦是因此没法控制自己，久了被迫把很多不正常的事情当成是正常的。我跟她有一搭没一搭地说话，有一搭没一搭地过只有我们俩的日子。却时常觉得那些事情我们本不必赖以生存，最后成为其奴隶。真是无聊而且肮脏。

她当然还是这样旺盛而空寂地生活着。或者以旺盛的期待对待空寂的生活。我爸还是不经常回家，忙起来在外面一待就是十天半个月。把工资或者奖金拿回家的时候，就是她把那一沓薄薄的红色纸币捏在手里对着她辛劳工作、多日不见的男人破口大骂之际。这时候我爸就把自己埋进沙发里，发际深处一片刺目的白却隐藏不起来。她一夜不睡，他抽出一地烟头。他们总是在玩这样的游戏。分明可以珍惜在一起的短暂时间，可谁都不愿让步，一让步就输了，所以要把仅有的相聚耗费在无用的僵持上面。时日无多，不妨以痛苦挥霍。我真的觉得很傻。

她是一个有些才华的人，会写一手好字，长得高大，年轻时候也不难看。可她又太过看重自己的才华，高兴了跟我说她要写一篇长篇小说，连名字都构思好了；不高兴时总觉得嫁给我爸这种花钱大手大脚却不会赚的叫花子少爷、如今也日益显出老态来的男人太委屈。

我十三岁时，她心血来潮，决定要大干一番事业，跑去商场选了两张昂贵的实木办公桌，说是要成立工作室。我爸当然不同意，他们在家里吵了一下午，终究还是赌气把桌子搬回来了。他将桌子几乎是摔到二十几平方米的房间中央，什么都没说就走了，脸沉得像一块铁。她起先很开心地拿干抹布擦拭桌子，忽然就不高兴了，开始一连串地咒骂，非常难听。我看着这间塞进了一张大床、两张桌子和电视机及各种杂物的小屋子，屋子里身材发福变形的只会骂人的已至中年的女人，突然觉得一切改变都非常无力，让人失望不已。心里说不上来的委屈，就像幻想着自己是公主的灰姑娘，被当众揪下了伪装的面具。我咬着下嘴唇说："你到底想干什么？"她大声骂我，骂我爸，说这过的是什么日子。我心里已是烦躁，脱口而出："你以为你配过什么日子？"

我们吵了一晚上。我想起她给我看的她结婚前的照片，是张在摄影棚里拍的全身照。那个女孩子穿着件花格子衬衣，身材高大，扎着马尾辫把刘海烫得卷曲蓬松，皮肤白皙，脸胖胖的，还有一个小圆下巴，单眼皮的眼睛细而狭长。我坚信她那时候还不会这样子骂人。

我们吵了一晚上。我只是突然觉得她老了，被什么东西辜负了、欺骗了。原本她以对生活旺盛的幻想和欲念来对待生活空寂的本身，哪怕这能给她一点念想度过痛苦也好呢。如今她却只会站在此处望彼岸，抱怨着当下的无奈，与生命的美好互相辜负，徒劳无功。我不知道说什么去彼此安慰，于是只能用力中伤。她究竟想要以怎样的生活来匹配自己的野心？可我清楚地记得我爸说过："我就这点本事，就只能给你这些。而且，我们能过的，只有现在这样子。"

那年我二十三岁，刚毕业开始漂，在北京五环的小出租房内啃冷面包挤地铁熬夜兼职。那天是深秋，下午北京的天难得放晴，太阳金黄金黄的，照得这古老城市的角角落落端庄稳重。空气清爽干燥，风里还有甘甜的糖炒栗子味道。就是这样一个美好的傍晚，我下了班想去地安门买栗子吃，心里算计着可能会排多么长的队，得早点回去干活。我爸打过电话来说："回来吧，奶奶不好了。"当天回家的机票特别特别贵，贵到我买票的时候都哭了，真心疼。

下机已是深夜，秋天的故乡，此刻却满是陌生的味道，抛弃和迷失的味道。在烈风中只看见父亲干枯的短头发像海底的砂砾一样被卷席着，僵硬地从一边跑到另一边。他斑驳的头发下面，是一双眼白浑浊发黄、今天看起来异常肿胀的小眼睛。可她竟也红着眼眶来接我。我一直以为奶奶死了她会开心，因为只有那一间小西屋的她，想着要奶奶的大屋子至少想了有二十年了。或许她恨这个冬冷夏热的小屋子，也恨这个冬冷夏热男人不在的家，要不为什么总是这样子，这样子吵架痛骂，或者干脆自暴自弃。从她年轻的时候开始，从我有记忆开始，每次骂那个占着屋子不给的老太婆嘴上绝不带含糊，“你死了我不流一滴泪”这种话说了不知道多少次，听得我跟我爸从惊异到愤怒到一点反应都没有。这一天我和我爸坐在前排，看着车窗外。这条熟悉的路深入到一座在夜里渐渐黑下来的寂寞小城，走得谁都没有眼泪，可谁也说不出一句话来。她坐在车厢后面，这次没有发出熟悉的鼾声。

她确实已经变了，正在以肉眼可见的速度迅疾衰老。其实他们的生活好像在我离开故乡到外头的城市念大学之后就与我没有多大关系了。很多时候我似乎只是化作了一个符号，成为他口中在外头闯荡事业的孩子，成为她心中值得骄傲的名牌大学学生。生活在一年回家两次的那一刻就卡住了，定格不动。我每见她一次就知道半年又过去了，也在她的脸上清晰地看见了这半年。或许她以为自己的改变和老去，能使心中的标准更接近生活本身，可那样的标准，属于过去的短暂时间。因此她的眼睛在生活前面，而衰老缓慢的脚步又落在生活之后。人永不见自己的心，心却掌控一切。就这么习惯了，习惯了错误，就配不上自己的野心，也辜负了所受的苦难。

而在我毕业以后，时间的概念更加模糊。她衰老并且枯萎，只有在对着镜子里的自己说话时才显得容光焕发。就算有我在屋里坐着，她也经常站在镜子前面，左手很深情地抚摸着自己的脖颈，右手背到腰际或自然垂到腿上，大段大段快速而口齿不清地对自己说话，表情丰富神态投入。我只能偶尔听清其中的一两个词汇，觉得异常恐怖。有时候我爸站在她身边，开玩笑式地打断她说："你在讲什么啊，能让我们听听吗？"她总是转一下眼珠，发灰的黑眼珠瞟一眼我爸，很娇嗔或者不解地咧嘴一笑，似乎还没有完全回归现实中来，又一脑袋扎进自己的世界里。

她跟我逛超市时推着车子走路缓慢，脸上的表情像是丢了什么东西，又似乎不知道在找什么。在长途电话里花很长时间讲一件小事，说不清楚又无关紧要。我不在家的漫长日子里，我知道她会不停地自言自语。奶奶去世那天她红着眼眶接我，在奶奶的葬礼上，她这么大一个人，跪在地上就是不起来，几乎哭晕在地。而在我和爸终于开始搬东西了，生活给了她野心勃勃地折腾了二十多年、一直想要的大屋子时，她的脸却始终黄黄的，疏落落的卷发贴在脑袋上有些油腻，一切如往常一样没有精神，她说："你们弄吧，我想去睡会儿。"

追与不得的错乱，使最终的结果失去意义。多年媳妇熬成婆原来是这感觉，可终究熬不过生活。心高和命薄最好不要兼顾。距离那个晚上已有十多年之久，她再也不是能穿起黑色吊带衫给别人打电话的高大饱满的女人。我知道她这个人或许终其一生都不得安定，时刻被野心折磨着，时刻在奔腾企图逃离现状，逃离生活。可就算那野心，也渐渐随时间变成漫山遍野的青草干枯后留下的一把灰土，芳草萋萋只在往昔，现在看来虚弱而不美丽。

今年她连续得了几场不大不小的病，先是甲状腺炎，后是胰腺炎。她变得总是怀疑自己身体部件出了毛病，包括自己经常吃多了不消化的时候，也认为是某些恐怖的事情发生了。心态悲观，非常怕死。最终要住几天医院，把胰腺摘除掉。我把他们俩接来北京，想着我都二十七岁了，她也五十多，我们似乎需要彼此，最起码我是不是应该看着她老去。我说："爸，你把老家房子卖了吧，这样我付个首付，咱们来北京安定下来。"

搬家那天，她在医院里住着准备手术，我和我爸两人偷偷坐车回去。几天没有人住而已，于我这里却已一隔许多年。老屋小得很，不知怎么就容下了一大家子人。我知道当自己终于意识到它小的那天，它就再也不容我了。这里变得更加灰扑扑，空气中有一股木材缓慢腐朽的味道，老家具发黄，没有铺木板的地面落了一层尘土。阳光透过小而破旧的南窗斜斜照进来，形成一片光束，光束中尘土飞扬，反光的物体被照射着发出蜡质的柔和光芒。要是原本预备在这里过一辈子，就得一直在这一层层摆不脱的尘埃里，难怪她老是对外面充满野心，对新生活充满无尽欲望。如今她已垂垂老矣，甚至在野心的驱赶下，跑得更快的她也比别人苍老得更快。我所能给的改变，不觉变成了她无法接受的曾经。

我爸站在我身边，这里对于她来说是三十年，而对于他来说却有五十多年，有童年和少年、根基和祖先。我看着他短时间内从斑驳到白了大半的干枯头发，说："爸，为什么你头发比我妈白多了？可我总觉得你还比她年轻着。"爸说："你妈这个人，想要的东西太多，多到谁都给不了。她的野心，自己从来没有配上过，但是却从来没有放弃。"我说："爸，你舍得这里吗？这毕竟是祖屋。"他没有说话，像以前吵架挨骂的时候一样沉默。我还想问你俩吵了这么些年，互相烦了对方这么些年，甚至我都长大了你们还在吵，你俩为什么不分开。可我也像他那样什么都没说。这个挨了她无数骂、也骂了她无数的男人，他们俩最后还是一起老了。其他的问题已经不重要了。

在命运中的无数个奴隶可以被分作两种。甘心顺从如他跪倒在地，兵戈相见如她奋力挣扎。她知道他不必受那野心的折磨，只消在拥挤的世间苟且生存，并在艰难枯燥的生存中找到些简短直接的快乐，迅速地享受一下也算慰藉。他知道她摆不脱那野心的折磨，痛骂"这过的是什么日子"，以更努力地上一层来探索存在的价值，而发现终究不可得以后，麻木地选择沉醉于幻想、错误和欲望。他们活得一样不清楚，却对快乐执着贪恋。他们看起来完全不相同，但本质一样。奴隶何来什么自由？奴隶眼中的生活，只有劳作与死亡。他们这样陪伴着老去。没有人见过什么是真爱，因此没有人区分痛苦和幸福。

我把她重新扶到床上，那件灰白条纹的肥大病号服穿在她身上竟显得有些宽松，她不知怎么的，许是这接连生病的原因，臃肿了大半辈子的身体开始变瘦了。我看着她靠在床头，阳光照着那褪色的灰褐色的眼睛和黄黄的脸颊，两只大眼袋往下耷拉着，腮上的肉也下垂了，将毛孔扯成长条状。油腻的头发和鼻翼两侧的皮肤在阳光下泛光，像在那个被我卖掉的老家里最后一眼看到的陈旧家具。我终于满足了自己来北京安家的野心，手段卑劣。却不知她现在心中，正奔腾着怎样的苍老欲望。是不是从此她想要的我都能够满足？你知道，我怕的是从此她什么都不想要了。

记得小时候电视上播出歌星费翔录的一档很普通的综艺节目，演完后是十点多钟，三十多岁的她背对着我，对着电视机屏幕一个人哭。她说年轻时候最喜欢费翔，我不知道这个年轻以何为界。我说："妈，你要过很久才会死去，所以现在就不要考虑回老家的事情。我不会让你回去。现在我给你放一首歌吧，你最喜欢的费翔唱的。"

她点点头，念叨着说："《橄榄树》好听，不过我也喜欢《故乡的云》。费翔有一年在春晚唱了《冬天里的一把火》，不久小兴安岭就着了……"这些话她从我小时候就一直说，二十年了也不知道换个词。可能偶像在她这里是个很贫乏的概念，她只是说说，却不做进一步了解。谁知道她怎么想的？我为她放飞过世界，这时散发出消毒水味的白色被子一边搭在她肩膀上，一边被她裹在腋下。不一会儿她闭上了眼睛。我把她平放在床上，脖子下塞两个枕头。这样她就不会像年轻时候那样，深夜里看电视睡着了，脑袋掉到肩膀上，张着大嘴任口水流下来。很快她开始大声打呼，而我已不再是那个半夜醒来，迷惘地看一眼这个世界、再在她变调的呼声中无知无觉睡去的没有童年的女孩。阳光一直照着那张皱巴巴的脸，我站起来把窗帘拉上，她似乎睡得更好些了。

我坐在昏暗病房里煞白的单人床边，拉起她肥胖粗大的手掌。原来她在欲念中活了大半辈子，等老了手心还是这样冰凉。时间仍旧是在跑着，对于我、对于她。再过十年我也就三十多岁了，就像她当年那样。就这样我忽然能够看清她三十多岁的样子，那个高大饱满的女人住在空荡荡的窄小屋子里，带着年幼无知的女儿，孤身一人与丈夫长久不在身边的漫长岁月纠缠厮打。时间难打发，照片上烫着刘海的姑娘做不了这样的事情，于是她只好变成一个旺盛空寂的妇人。

我想问她些什么，是关于寂寞还是关于生活。她深夜里看着电视睡着又醒来，凌晨三四点是不是连电视机里的广告都不再陪着她了。这一天我长大了，长大到可以熬一个通宵听她说话。可这一天她却不能这样做，她只会在清醒的时候早睡，在不清醒的时候把话说给镜子里的自己听。

而我听见她的偶像在唱：你不知道你对我有多重要。

三十年就这样过去了，错过的就错过，折磨的就折磨，无因无果。这个女人或许将用一生时间把年华老去，她到底想要什么样的生活呢？或者我们该怎么做才能让自己变得更好更快乐？此题无解。理解了的总是回不去的，没关系。今天，我们离开这里去远游。我想带她看看家乡以外的土地，看看生活以外的生活。如果我能而她还在。可我一直在呢，她如果呼唤我就一定能听见。

C 和 弦 姑 娘

文/李馨雨

夜空的北斗也没有让她找到迷途的方向。

南方断断续续下着不肯收手的雨，院子里的铁树撑直了刺，墙角盛开着几朵野花。她稍低着头从门外进来，长发散落在肩头，握着的蓝色雨伞正好挡住了她眼睛以上的部分。她的黑色小皮鞋，踩在湿润的泥土上往我对面的房间走去，我猜她背着的包里是一把吉他，只是不知道是哪种颜色。

院子并不阔，再加上从屋子里搬出许多发霉的废品，就更显得小了。我房间的窗子上悬着一根绳子，连到对面房间的瓦檐下，太阳烈的时候我就搬着小凳晒被子，然后捂着被单闻烤熟的螨虫的味道。她进去后没有关门，把窗户也推开了，风把她的窗帘打得呼呼啦啦响。她看见我在看着她，点了点头，意思大致是“以后就是邻居了”。

公车淋着滴滴答答的雨，从市中心开到这破败的站台，姑娘跳下车慌忙撑开蓝色的伞。她走在一条疏松的沙土路上，小水洼里、路边上散落着拖拉机掉下来的砖头渣屑，灰色的鸽子咕咕叫着跑进树林。姑娘追着它跑，一只手提着裙角以防被泥水染脏，她裸露着洁白光滑的小腿。树林寂静无声，只有雨水砸在伞布上，落入地面叶子上的声音。灰蒙蒙的水雾里，姑娘穿行在绿色的树枝下，不小心把雨水瞧成了绿色。她低头看自己打湿的黑皮鞋，再抬头就看见了灰色墙壁的院子。

她应该是这样子过来的。

我租住在这院子里好长时间了，可是地处城西位置偏僻，对面的房间始终没有租出去。这里的夜晚没有路灯，月亮被枝枝叶叶遮蔽，树林里像住着巫婆一样气氛诡异。考试结束以后，我回到这里收拾生活用品，住到月末就要搬回乡下老家去了。这时候院子里搬进来一个美丽的女孩，我很好奇她是从哪里来的。她曾敲开我的房门，脑袋伸进来人却站在门槛外，神秘而好笑地问我吃不吃糖果，手心里攥着一把草莓味的酥心糖。她的衣裙飘在黄昏微弱的光里，眼睫毛细弱轻盈，大眼睛清澈地眨巴着。

“妈妈给我一大袋子的糖呢，有甜橙味的、青柠味的，还有我喜欢的草莓味的。”她说话的时候，薄薄的嘴唇上泛着红润的光泽，就像暮色给她涂抹了唇膏，“我还有好多呢。”说这话的时候她的语气里有小女孩一样的炫耀和骄傲。

“那我请你吃苹果。”我从柜子里掏出两个苹果塞到她手里，她笑嘻嘻地跑回去了，一手拿着一个苹果。她走路的脚步很轻巧，只是前脚点地，双手背在身后，白色的衣袖看起来像纹白蝶的翅膀。正好院子的花坛里栽着玫瑰，她轻盈盈地穿过去了。

等我早上起来，看到这姑娘挽着袖子趴在水池旁洗头发，因连日小雨未干的土地上黏着掉落的洗发水泡沫。她的房檐下飘摇着几个泡沫，在灰色的天气里破灭。她摆放手巾的水池上，两个大苹果搁在那儿，似乎已经被她擦干净了。她冲头发的时候，摸索着递给我一个苹果：“我们俩一人一个吧。”

真是个好逗的女孩子，哪有送给她的东西，反过来还给我吃的道理？我站在她身后接也不是，不接也不是，最后只好握在手里。她用吹风机把头发吹到七分干，扎得蓬松松的，然后从屋子里抱出一把原木色的小吉他，跷着右腿低头拨弄。咬了一口的红苹果就在她的手边。

黄昏下起了雨 哭泣的雨

我们走进了雨 相对无语

抚也抚不去的忧伤

赶也赶不走的惆怅

在细雨之中 飘扬

“好听吗，好听吗？”她抱着吉他，又脆脆地咬了一口苹果，我见到上面留下两行浅浅的齿印。她的眉目间有飘扬的气息，像歌词里唱到的细雨一样飘摇。我第一次听她唱歌，声音里有她来自北方的乡音，绵长的情绪跑得很远，我站在她面前，就像隔着黄昏看她，她的眼睛里都是漂亮的色彩。

“嗯，是很好听。可是为什么要唱得这样……就是……”我忽然发现自己没有办法用语言来形容她的声音。她欠着脑袋看我，等待我开口讲话，认真而期待的眼睛扑闪扑闪。“你弹得很好呀，我以前也很想学的，可太笨了，总是学不会，到现在也才会《小星星》。”我只好快快岔开话题。

“你弹你弹，”她把吉他推到我怀里，细长瘦弱的手指捏着我的指尖，一根一根摆到六根弦上，“你弹呀，你弹呀！其实很简单的啊。姐姐你可以跟我学，保证教会你！”她很兴奋，就差蹦起来跳舞了，她是个一被人夸就会很开心的姑娘。

马路上有好多跑得很快的汽车，在阳光里奔跑，像野马在草原上逃亡。她带着自己的木吉他，慢吞吞走在车流中间，昂着头颅好像一只小母鹿，蹦蹦跳跳从这座城市飞到那座城市。她坐在火车上，抱着吉他给人家唱歌，被吵醒的旅客朝她丢瓜子，她拿自己清澈的眼睛骄傲地瞧人家。她要在这里停留一段时间，她说喜欢城市边缘的土地，还有院子外的那片小树林。

在来时的路上，她见到路旁长着许多薄荷，可以摘下来泡水喝。我认真寻找过，并没有看到，也许是她天真地把阔叶子的野草当作了薄荷。她爱上了这里的树林，天空不掉雨的时候，她就穿了裙子推门出去，带着吉他到一棵大榕树下静静坐下。榕树上有可恶的鸟儿丢下一摊灰白色的粪便，热腾腾的有植物种子的味道，她刚刚洗净的头发也被弄脏，只好跑回去再冲一遍。

我的手指头粗短蠢笨，她只好一遍遍教我怎样握好琴颈，小拇指不要压到一弦。“大拇指撑住，食指垂直呀，不要压到五弦上。”她握着双手急得在我身边打转，帆布白鞋子在草地上走动，窸窸窣窣弄乱了林子里的寂静。“要让你的手指头自己朝弦上递过去，音乐是不过脑子的，是有它自己的想法的。你只是它借过去的空壳子，要自然可别觉得拘束呀。”

“哦……”我敷衍地点头。

然后一张脸就朝我压过来，她有些沮丧地对我说：“你还是不明白是不是？还是不能理解是不是？我也不懂啊，我那个酷酷的老师就晓得讲这些大道理，不过他是对的。”她坐在草上，绵软的长裙遮在她的膝盖上，她的指甲掐了好多淡蓝色的野花，一朵朵搁在裙摆上。“我可不是要当音乐家，我就是喜欢这样子唱唱歌，你说好听就很好啦。”

姑娘时不时会自言自语一下，她说的话和她的人一样，清澈干净到让你愿意去理解她。

白天她在树林里教我弹吉他，教我打拍子，教我控制声音，也强迫我听她喜欢的那些歌。太阳已经出现了，从叶子缝隙往云朵里看的时候，那种五彩斑斓的光芒掉到眼珠子里。日光从小树林上滴下来，一缕一缕白茫茫的光落在脚底下，好像前几天下过的雨一样细碎。她扫弦的时候叮叮当当，手腕上系着一根红绳子，绳子上连着小铃铛。

“一个人的时候，听铃铛响多安稳，妖魔鬼怪不敢近身啊。”她笑嘻嘻地摇着手臂。

傍晚她会离开我，穿过树林，走到生锈的站台，坐车去市中心的广场上唱歌。她把吉他甩在背后，头发扎成马尾，扑腾扑腾收拾一下就走了。她这时候是最不开心的，“那些人可不会认真听你唱歌，他们嚼着口香糖，吹着口哨，朝你琴袋子里丢下一块块钢镚儿。他们轻佻的样子让我不开心，我就会‘梆梆梆’乱弹一气，让他们滚蛋！”她好得意地讲这些事情。

我渐渐发现，门外只要传来叮叮当当的声音，就是她回来了。这姑娘把硬币撒在小瓷杯里，一路走一路摇，不知道惊醒了多少熟睡的人家。我不喜欢听这种叮当的响动，然而她走夜路的时候是很怕林子里传说的鬼怪的。

莫名，我就喜欢你。

整首歌我就喜欢这一句，绵绵下雨的季节里她教我的第一句。前桌坐着一个我喜欢了好久的男生，他在夏天穿白色衬衫，冬天穿呢子风衣，骑着单车从我面前擦过。他没有太多的优点，甚至没有多俊秀的样貌，可我就是独独对他动了心。我知道那一个“莫名”，花掉了我全部的小心思，累得不行的时候我就愿意去想一想这个毫无特点的男生，他所有的细节都是我眼里难得的好处。

不要她教我歌的其他部分，我只是让她教会我这一句，我就是喜欢这里的悲伤执着。

“无名指摁住三品六弦，小拇指跟上。”她就坐在我身边，掰弄我笨拙的手指头，认真地想要教会我这一句，“我以前也和你一样想学一首很棒很棒的歌唱给别人听，和你一样笨。可是不要紧，我每天都重复练习，手上起了茧子，我用了好久才知道其实是我自己喜欢这首歌，和别人没有多大关系。”

她眨着眼睛瞧我，我从她眼睛里看到她背后下着雨的黄昏，有剔透明亮的光彩。

“这个就是以后你会不断遇见的C和弦，你会不断遇见，不断遇见，可是它不是最重要的和弦。”她认真地把我的手指一个个按到位置上，教会了我“莫名，我就喜欢你”。

第二天傍晚我就跟她一起坐车去了市里，她背着自己的吉他横穿过人群，走在斑马线上她从来不会两边看看，只晓得双手拉着琴袋往前跑。这里的广场上有好多乞丐，面前摆了一只碗，要钱不要饭。姑娘扬着头路过他们，她把一只小瓷杯摆在面前，静静地坐在路灯下，柔软的长发覆在肩头，美丽多情。

天黑下来，一大群人在很近的地方跳广场舞，音响开得好大好大。姑娘就坐在角落里，她怀里是一把木吉他，不是电吉他，她的声音被嘈杂哄笑遮盖，也很少有人会去听她的歌。她从来不在乎，路人的香烟味飘过去，青年的马靴重重踩过去，少女的裙子呼呼摇过去，她还是坐在那儿。有两个小孩子跑上来摸她的琴，她开心地告诉人家这叫guitar。小孩子说，英语老师还没有讲到这儿。她说，不要紧不要紧，现在先学了呀。她塞给小孩子两颗酥心糖。

“他们都不喜欢听我唱，我活生生地唱歌却还不如那个破音响。”姑娘有些无奈地看我，她摊开手掌，那是今天赚到的几个硬币，“一转眼，青春都喂了狗。”

“姐姐我喜欢呢。”我蹲在她身旁告诉她，“你只是没有遇到。”

她笑嘻嘻的，慢慢把手指头摁在琴弦上，她是要我看清楚是怎样的手法。我还记得那是C和弦。

“莫名，我就喜欢你。”

“莫名，我就喜欢你。”

“莫名，我就喜欢你。”

姑娘的木吉他孤单地应和着，我们俩傻傻地在广场中心一遍遍唱这句歌词，空气中飘着香水的妩媚，可是她唱歌的时候干净美丽得像一朵花。直到嗓子沙哑我们才离开，这样子的胡弄，也只是得到了几个硬币。天空忽然下起小雨，四周的人们开始奔逃，哗哗啦啦像流水跑得远远的。我们没有带伞，没有她的那把蓝色的伞，只好沿着可以挡雨的店铺台阶走，走到公车站台上。路过一家便利店，她用手里的硬币买了两瓶可乐，我们俩插着吸管往瓶子里吹泡泡，嘟嘟嘟嘟，像我爸爸养的金鱼在水池里吞吐。

再次路过小树林，静悄悄的只有雨水落在身旁，姑娘使劲儿摇着她手里的铃铛。我们抱着可乐走在湿答答的雨林里，忽然想到渡边在漫山遍野寻找直子的时候是怎样的孤独。姑娘背着她那被雨淋湿的吉他，不无沮丧地和我说：“我就是喜欢这样子。”她的鞋子陷在松软的土里，沾染了泥巴。

到了这个月的尾巴，一觉醒来常常碰见了晴天，我们都晓得雨季飞快地跳走了。她在院子里，在水池里吹泡沫，冲洗苹果，败落的野花跌倒在她的脚下。远处的日光从树林里蔓延过来，树上的蝉鸣打乱我手里的琴弦，我依然不能抓紧和弦。可是夏天就要来了，我房间里的废书已经用绳子扎好。

“我的家在北方的一个小镇子上，冬天会下雪，夏天也没这样热。我裹着棉袄去上学，回头就看见一溜儿的脚印，一只大白猫跟在我屁股后头要吃的，我丢糖给它，它被吓跑了。学校围墙里有白桦林，光秃秃的在那儿，不像这里的枝叶茂盛。我坐在冰凉的石头上弹吉他，想象一些美丽的东西，可我到现在也没有得到过。我不知道我是喜欢这里呢，还是喜欢我的家乡。”她笑着看我，露出四颗牙齿，明亮得像空中的太阳，“以前有个学长，在晚会的舞台上唱了一首歌，我一下子就记住了，那么美丽的歌词，所以我就来到了南方。”

啦啦啦啦啦啦/南方的小镇/阴雨的冬天没有北方冷/她不需要臃肿的棉衣去遮盖她似水的面容/她在来去的街头留下影子/芳香才会蓦然地心痛/眨眼的时间芳香已飘散/影子已不见

姑娘怀里的木吉他多么好听，她的嗓子多么干净。她唱这首歌的时候，我眼睛里满世界都是迷茫的大雨，碎在院子里成了大大小小的泡泡，一个长发的姑娘坐在房间里遥望远方。她伸手拉我的指头，再一次认真地摁在琴弦上：“记住啦，这是C和弦。不论开始还是结束，都是要用到的。你的手指拨五弦、四弦、三弦、四弦，就这样重复四次。”

我们一人吃了一颗糖，味道不像可乐那样的刺激，只是生活中的一点点甘甜，润着喉咙滴淌下去，温暖着心房。头顶上初夏的阳光热烈明媚，她的花裙子被头发淋湿，裹在小腿上像一朵盛开的花儿。我们尝过的苹果、可乐、糖果，都是不一样的滋味。

我后来跑到了北方的城市，傍晚经过好多广场，遇见好多流浪的人，可是她那样清澈的眼睛稀少得快让我忘记了。吃过甜到腻的糖，却没有找到她家乡的那种草莓味的酥心糖，我也好奇她是哪里来的姑娘。我有时间的时候就弹弹她教我的歌，五弦、四弦、三弦、四弦，我后来知道那是一个叫赵雷的歌手写的《南方姑娘》，就好像特地为她写的一样。她这个来自北方的姑娘。

昨日的雨曾淋漓过她瘦弱的肩膀

夜空的北斗也没有让她找到迷途的方向

阳光里她在院子中央晾晒着衣裳

在四季的风中她散着头发安慰着时光

我都不知晓她的名字，只记得她在院子里洗过的头发，在树林里教我弹过的吉他。

就叫她C和弦姑娘吧。

独 念 记

文/莫诺

最终，我们还是会败给时间，败给不败的时间。

一

这些年过去，我再不曾见过你——许清和。

也是在再不曾见过你的这些年，我才于时间的消磨与停顿之间，通透地察觉到生命的清凉与缺失。命运待我并不优渥，时常会感到安慰捉襟见肘，思念与日俱增。毕竟青春苍苍，不过弹指之间。没有回头路。

我们往往只会在青春驾着马车离去之时，才开始惦念起之前的青葱岁月、桃色佳人，后悔不迭为何当初没有好好把握。于是，我们就只能看着那匹马，头也不回地驾着我们年少的伤感与爱情——抑或一段比爱情更像爱情的友谊——越走越远，越走越远，直至看不见……其实人间情事往往如此，失去方才知珍惜，别过才知再见时长。

黄碧云说，一切皆有命。

我时常在想：如若真有命中注定这回事，那么“人定胜天”是不是人们自我安慰与自欺欺人的鬼话。

我们曾经那样轻易地说起永远与绝望，又在逐一见识了人情的淡漠与凉薄之后，那样努力地为着永远与不绝望经营着、撕扯着，落魄且自足地活着……直到最后再没有丝毫力气与时间角力下去。我们的棱角逐渐被磨平之后，我们不再说起永远，也不再说起绝望，但在日薄西山的黄昏或是一个突如其来心绪难平的暴雨夜，还是难免对这个人间感到失望。

最终，我们还是会败给时间，败给不败的时间。

于是，在败与不败之间的这些年，我逐渐习惯了身边没有你的生活，亦是习惯了心里不能没有你的生活。

清和，清和。

二

2009年的夏季铺张仓皇犹如盛大的告别。天空长远湛蓝到空无一物，蝉鸣声像海浪一般此起彼落，生生不息。

人间七月，不胜繁闹。你我之间，却异常寂静。

那段时日，我与你整天窝在我房间看碟。看的都是些文艺得不能再文艺的片子，《诺丁山》《美国丽人》《天使爱美丽》《她比烟花寂寞》《花与爱丽丝》《入殓师》《海上钢琴师》《小鞋子》……一部部看下来，心却越来越落寞。时常看着看着，你的泪就掉下来。我不是一个会说话的人，不知如何安慰你那日益丰盛的孤独和伤感。

那时，我们正处在一个青翠欲滴的年纪，你虽明朗，实则心性敏感，时常只言片语的龃龉就可以令你郁郁寡欢上好些时日。

所以，我只能小心翼翼地坐在你身边。

那个夏季，日子燥热难耐却又寂静无着。我们彼此依靠，却构不成安慰。在一个夕阳漫天遍地铺开的黄昏，在《玻璃之城》的片尾曲响起时，你陡然对我说："阿莫，我要离开。我觉得自己正在沉沦。我想出去走走。"

我不置一词，笑了笑。我以为，那只是你一时的玩笑。

不想没几日，你便真的从我身边消失了，像一场善良的背叛。我原以为你只不过是不经意的伤感，未曾料到你心中却住着一个任性的孩子，陡然间像一个负气的少年，说走就走。

又没过多少时日，你给我打来电话，说你在藏区，听牧民唱起悠远的歌，远方的雪山蒙在云里，像一个轮廓刚毅的神秘女子。你说你晒黑了。夜空晴朗时，躺在草地上看星辰如钻，仿佛就洒在周身，触手可及。深夜很冷，盖两条毛毯还是冷。时常辗转难眠，会半夜起来抽烟、读《圣经》，或者发呆。起先一个人睡在一间破旧旅馆的单人间，觉得像是睡在坟墓里，与人间有深重的隔阂。后来钱越来越少，便伙在一群男女之间，反倒察觉出人间的温度……

你说，你正迷恋一个女子，那女子有一双再忧伤不过的眼。你说，你从未看过如此忧伤的眼。你看着那女子的眸，仿佛突然经历了一场爱情。你跟着她亦步亦趋地走了很多地方，也不与她讲话，像经营着一场少年小心翼翼的暗恋，而你也不知为何如此。

你说："原来，我也不是一个喜静的人。"

我说："你是。只不过你的静并不外在。"复问你，"钱够不够？"

你便笑。

我说："不够你就跟我说，我给你打点过去。"

你说："谢谢你，阿莫。"

后又是长久沉默，我知道你落了泪。

你是这样一个善良而小心的女子，只因内心的细腻与莽撞才成全了你的别致。

时常，我心疼你的细腻，怕你的细腻总有一天会不小心伤到你。但我又羡慕你有一颗说走就走的心，你不知这份果敢与随性，于这万千束缚的人间而言，是多么难能可贵的品质。

后来我找家里借了一千块钱，给你打过去，顺便给你打了通电话，问你什么时候回。你停顿了好长时间，最后下定决心似的说："阿莫，我不准备回去了。"

我惊讶，一时语塞，握着听筒不知所措，片刻才出声说："清和，别闹了。你爸妈还等着你呢。"

又是一段沉默。后来，你只字未说，挂了电话。不日，我户头就收到你退回来的一千块钱。再打电话过去，已是关机状态。

而那通电话，就是我们时至今日的最后一通电话。

我不知道，自己是不是把你弄丢了。

三

也是在后来的这两年，当我独自一人在寝室看《转山》这部电影时，不可避免地就想起你来，不知你过得是否好，是否还在西藏，又或者是否还在人间……这些我都不得而知。

只是你已经顺利成为我生命中一个躲在阴暗角落不愿提及的、永远不能愈合的新鲜伤口，轻轻一碰，就会流出鲜红的血。

清和，清和。

你在哪儿？

你在干什么？

年少不欺。多年前，当我还把头埋在数学卷子里时，你就已经开始在旧书市场淘电影杂志来看。有次被历史老师收去一本，一下课，你二话不说就冲到历史老师跟前抢你那本《看电影》，其状似一只愤怒的猫去挑战一只硕大的牧羊犬。但奈何这个中年男人的力气显然要比你这个还在青春期徘徊的少女的力量大得太多，于是抢到最后的结果，便是以那本杂志的报废而告终。

在一群同学的围观中，你愤恨地瞪着老师，眼泪不争气地落下来，但你没有出声。最后处境尴尬的老师说："许清和，你到我办公室来一趟。"

后来我安慰你，说没必要为这个老师哭，他本来就不好惹。不值得。

你回答我说："我只是因为看到梁朝伟的脸被撕开，就忍不住了……"

听完你的回答，我鄙视地看你一眼，然后相视一笑。

我这才知道，你有多纯粹。后来当我们一起看岩井俊二的《情书》，刚刚开头，藤井树在那场大雪中喊"你好吗"，你就开始哭；看《忠犬八公》时，你一直在叹"我要是有这样一条狗，那该多好"；看《赎罪》里，男主角在敦刻尔克说到"I will return , find you , love you, marry you , and live without shame"时，你又哭得稀里哗啦；而《断背山》里Jack和Ennis最后一次在断背山上相见时，Jack怨怒交加说的那句用情至深的台词，令你一直念念不忘。

而当我们站在公车里，看到一个老人上来，无人让座，你就会大声说"有没有人能给这位奶奶让个座啊”；我们在闹市区玩闹，你追我赶，你追不上我时，二话不说就坐在地上，也不管周围有多少人看着……这些我都不足为奇，即使时常也会感到些微尴尬，但这一切并不能掩盖你最为干净的真实。每每说起这些时，我就会想到你那双纯洁无瑕的眸，闪闪跳动着光。

仿佛你是不小心被上帝抛在这个世界的无辜天使，秉持着温和与善良的尺竿，在这日益腐朽的人间布道修行。

是你让我开始相信“人之初，性本善”这六个字。

而这一切过去了多长时日，我竟有些记不起，仿佛还是在昨日，你还坐在我身旁。

四

其后，我又收到了来自全国各地的明信片，没有言语，也没有署名，但我知道是你。那是你这些年逐渐走过来的路。

孤独与繁华同时盛开的路。

五

而时至今日，五年过去，我仍会在暴雨来临的夏夜，想起在窗台出神的你，其状之优美深沉令我毕生难忘；仍会在某些午后或是黄昏，想起盘腿坐在地板上抽烟看电影的你、穿着校服规规矩矩的你、吃冰激凌的你、哭得稀里哗啦的你……

你让我想起黄碧云那句“突然我记起你的脸，我就老了”。

如果时间并未走远，那么我又怎会如此忧伤地想起往事，想起你；如果不是我已老，那么就是你离开的时间太长，让我恍惚觉得时间过得这样慢。

我时常在想，要是我们说好要荣辱与共的青春再来一次，我将如何盛情地对待。你又是否会走上一条其他的更为宽广的路？

如果，时间可以回头，我们是否可以把自己装点得更鲜艳快乐，把青春过得更源远流长，把生活过得更写意清丽？

奈何人生没有如果，亦容不得半点假设。

你终究是走了，终究是走了。清和。

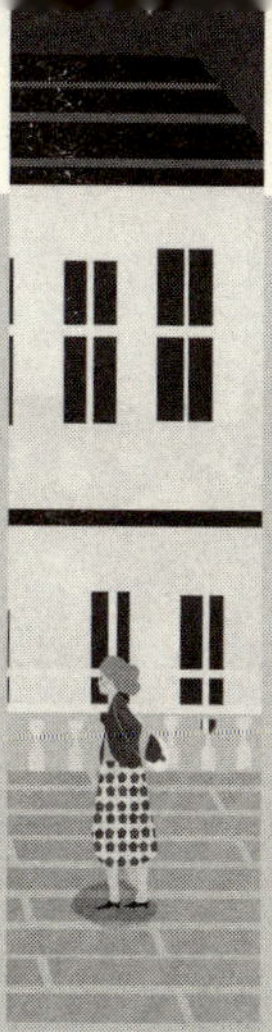

话桑麻

他不知道那个梦已经丢在他背后了，丢在这个城市那一片无垠的混沌之中不知什么地方了，那里合众国的黑黝黝的田野在夜色中向前伸展。

——司各特·菲茨杰拉德

我是一棵山茶树

文/紫子非鱼

我们静静地在山上酝酿，等着我们的主人到来。

山茶树，顾名思义，是棵茶树？树的嫩叶可以制成茶叶？不是，我虽有茶树之名，但我的新叶却不能泡茶，更不能让雅室茶香四溢。

你是那灿如云霞、风姿绰约的十大名花之一——茶花，供人欣赏？我会开花，但是迄今为止，只有一个人看到过我盛开的花朵；而且，她的脸上看不出任何喜悦。深秋，我和我的同伴绽开洁白的小花，在深山，灿烂如雪。我们的花朵，自始至终，只有一种颜色，那就是无瑕的白色！我们没有名花的艳丽色彩，红、粉红、深红、紫、淡紫、黄等，我们这一辈子，都不会有。所以，没人把我们当盆景，也没人观赏。花姿丰盈，端庄高雅，似乎与我们无关，但这并不影响我们怒放。

古爷爷的爷爷的爷爷曾听他爷爷的爷爷说，很久很久以前，有很多人传诵，“树头万朵齐吞火，残雪烧红半个天”，还有“茶花一树早桃红，百朵彤云啸傲中”。这说的应该都是极为抢眼的红色茶花。“唯有山茶殊耐久，独能深月占春风。”我们就是这么一大群山茶树，翠绿的枝叶间缀满了雪白的花朵。

我是一棵树，一棵山茶树，我是这片茶树林里再普通不过的一棵树。我们的叶子既不能泡茶，也不能绽开罕见名贵的花蕾供人欣赏；尽管如此，还是有人把我们当孩子般悉心照料，就像人类一样，即使他再不好，再不堪，也有人倾心待他。

把我们当宝的人，是我们各自的主人。我们虽各有其主，却情同兄弟姐妹。多少年来，我们的主人结伴而来，又高呼相邀而回；蜿蜒的小路上，他们像排着队的学生，成为山中独有的一道亮丽的风景！他们虽不是一家人，但在我们的眼里，他们就像一家人。

古爷爷告诉我，我们并不是一无是处，我们的果实可以榨油。每年霜降果实成熟之际，我们各自的主人都会不约而同地前来采摘。我喜欢看着主人摘山茶果，他们管我们的果实叫“木子”。主人摘木子时，脸上挂着笑，偶尔和山对面的熟人大声说笑。我喜欢主人摘我的果实，就像是母亲给自己的孩子挠痒痒一样。

主人有两个孩子，一个哥哥，一个妹妹，他俩和多数的小孩一样，很小就跟着父母上山，帮着长辈分担家务。我喜欢我家的小主人，兄长是个小男子汉，厉害，母亲拿不下的木子他能拿下；妹妹也不逊色，细致而伶俐地把木子摘个精光。小主人们像猴子似的在果木之间攀爬跳跃，好不快乐！

主人在摘取我们的果实之余，还会随身带把镰刀把缠绕我们的藤蔓清开。每年四五月，主人必扛着镰铲翻过数座山峰，来把整片茶树林翻新一遍，除去我们周边的杂草和灌木，给我们去荫松土。年年如此！

“人真好！”想到这里，我不禁发出感叹。我借着风把头偏向古爷爷：“古爷爷，人真好！”

“好！”古爷爷的脸上露出笑容，“我记得有个中年男人采摘完木子准备回家，连续高声喊了好几次和他一起来的老人，却没有半点回应。他以为老人先走了，挑着木子爬到山顶刚准备休息，看见远处绵延的回家路上一个人影都没有，于是他连额上的汗水都来不及擦，就赶紧下山谷找老人。”

“他找到了吗？”我着急地问。

“找到了。他翻过了这座山，再喊的时候，老人已经在来的路上了。他接过老人肩上的木子，喘着气挑到了山顶。”

“他真好！”他和老人无亲无故，好不容易爬上那陡坡又下来，只因担心老人的安危；他自己已经累得不行，还硬是把老人的木子挑上陡峭的山峰。我不禁对人产生了敬佩：“古爷爷，还有呢，你再讲讲，我可喜欢人了！”

古爷爷呵呵地笑着：“有些人真的很好，他走着走着，碰到了石子儿，他会把它们清出路面，以免后面的路人被它绊倒，他一直默默地给大家开路。”

“他真好。”古爷爷和我说了好多好人，我最喜欢我的主人。我的主人在数次想清掉我根部周围的杂草不成时，她放下镰铲，弯下腰，用手把它们拔光了。

“古爷爷，你说有一天人会不会把我们也砍了？”我听见远处砍树的声音，那边传来松树一阵一阵的惨叫。

“不怕，不会的，人们要靠我们的果实榨油。烧的柴火，现在到处都是。”

“那他们为什么要砍树？”我满是疑惑。

“因为它们可以卖钱，也可以建房。”

幸好我们不能建房，否则一定成为人们的刀下魂了。

我们静静地在山上酝酿，等着我们的主人到来。一天，终于听到山顶有节奏的脚步声，是主人来了。他们怎么不说话？近了，近了，只有三个人影肩扛镰铲慢慢走来，怎么人越来越少了？我的男主人怎么没来？难道还在后面？

接下来的十几天，男主人都没有出现，我从人们口中得知他出远门去了。

为什么翻新山林的人那么少？因为村子里很多人都出去赚钱了，留下的只有老人、妇女和需要照顾的小孩，他们无法上山关照我们了。他们也曾想过请人翻新山林，可是山那么大，树那么少，木子也不一定丰收，权衡和实践之后，他们都不愿付钱让别人帮我们除草了，因为花去的工钱够他们吃好一阵子的菜油了，可是偏偏他们吃不惯那商店里的油，所以不得不请人清理山林；可是清理人还没走，山上的草又长起来了，等到主人上山采摘木子时，已是荒林一片。人走进去，迅速被野草遮了头脸，只看见疯长的灌木杂草。此后，他们便不再请帮工，任我那些兄弟姐妹被草淹没，等到果实成熟之际，再来摘取。

我的那些伙伴，只能拼命和周围的植物相争，才能有一丝生存之地！我和古爷爷算比较幸运的，我们的女主人没有放弃我们，日日跟着那极少的人挥洒汗水。她很早就来到山上，一直不停挥舞着工具，她脚下刚翻出的新土，立马被炙热的太阳烤干。她不肯休息一会儿，哪怕一小会儿！当太阳直射她的头顶时，女主人脸上的汗水流得更多更频繁了。她放下镰铲，终于要准备休息了。她来到古爷爷的伞下，喝了一大瓶水，接着端起她的午饭开始进食。

女主人家离这儿很远。午饭后，她又继续工作，直到她看了一眼太阳残留的一抹斜阳。她回头看看脚下翻过的土地，再看看前方一大片杂草茂盛的土地，心里很着急。她再看了一眼山头，不得不回家了！否则，她非摸黑不可！

女主人日日如此，往返了一个多月，才把山林翻了个透！看着我们健康茁壮地成长，她露出了舒心的微笑，扛起镰铲回家去了！我们使劲地汲取养分，只为多结些果实给主人安慰。可是有时候我们再怎么争气，也只能结出稀疏的木子！

去年我的枝头才挂了七颗小小的木子，女主人该后悔当初花那么多的精力照顾我们了吧？我以为她今年不会再来，没想到她还是一个人把整片山林翻了个遍！

为了不让主人的汗水白流，我们日夜成长，等待收获季节的来临，能博得主人满意的笑容。我已经很久很久没有看到她的笑容了！

霜降即将来临，我听到人声响动，人来了！今年怎么这么早就上山了？难道来探探虚实？今年我们替主人争了口气，枝头满是大颗的果实。可是山对面的其他兄弟姐妹就有些糟了，他们已经被荒废了两三年，被野草大树吞噬，仅得极少的阳光和养分；他们使尽浑身解数，好不容易才结了些果实。幸好每年收获时节，他们的主人为了方便摘取木子，会把周边的灌木、荆棘砍掉，他们才得以继续开花结果！

女主人他们已经往返了两天，他们不是来查看收成如何。木子还未完全成熟，榨出的油量也相对没那么丰盈。主人这么急着把我们的果实带回家，是怕重蹈去年某些人的覆辙。果然，今年也是，盗贼猖狂！某偏远山林的木子，早已被摘得一颗不剩。只要再过几天，我们的果实就能榨出比现在多一倍的茶油出来，主人尽管不舍，也不得不抓紧把我们的果实带回家！与其被人偷得颗粒不剩，滴油不取，还不如权衡利弊，取其轻！至少，赶在偷木子人之前，把木子摘回家，还能榨一些油。

我们这片山茶林，还未受过侵害！但以前没有不代表将来也不会有！去年主人另一处的山茶林险些遭殃！邻家那一片山茶硕果累累，全被偷个精光！也许是小偷看不上东一个西一个的木子，也许是小偷的肩膀无法再承受更多的重量，主人的山林才得以有惊无险！

“采菊东篱下，悠然见南山。”很久很久以前那个叫陶潜的隐士是幸福的，因为他有很多的时间消遣！可是同样久居山林的主人，花只是花，她要的是果，她担忧的是能否有她丰富的茶油原料！结果之后，她也不得清闲：她得日日夜夜急着把木子摘回家！今天更是着急！

听主人议论：

“听说山茶油50元一斤，茶油无污染，极为珍贵，被什么专家称为‘油中之王’。”

“还有人说山茶油不但能炒菜，还可以美容。在古代，只有皇帝和皇后才有权使用。”

“他们还说山茶油里有丰富的什么和什么，是一种什么纯天然绿色保健食品。”

“茶油有什么营养我不知道，但我吃不了店里买来的菜油，吃了身体就不舒服！”有位老奶奶这样说，难怪她这把年纪了还要上山摘果实！

“我听人说吃茶油对什么高血压、心脑血管疾病、肥胖等有用，说有人又把茶油叫作长寿油，能治很多病，对老人、小孩、产妇很好！”

“我还听说有人用茶油搽脸，又白又嫩，还有人用茶油把头发变得又黑又亮……”

正因为如此，越来越多的人不等到收获季节，也不管山林归属何人，只要看到果实，他们便拼了命地摘……

山林的主人可着急了，他们做梦都想着他们的木子。他们脚步匆匆地来到山林，不停歇地摘果，他们急切地回家，更加迫不及待地想要回到山林，以防木子被别人抢劫一空……

我最担心的事情终于发生了，这天主人刚走，马上来了几个陌生的面孔，他们把山林各处的木子一扫而空。我的兄弟姐妹们，个个伤痕累累，那群人爬树的爬树，钩枝的钩枝，粗枝嫩枝连连落地。他们粗暴地对待我们，古爷爷没能禁住他们的狂虐，倒下了，他疼得连一声惨叫都来不及喊出！我虽小，可是冷不丁有人踩我一脚，接着数人践踏，我的身子竟再也立不起来！

我想到主人看到这满山狼藉时的表情，她该多伤心啊！近了，脚步声近了，我细细地听着主人们的谈话。

“阿婆挑木子回到家，看到自家的大门敞开，走进屋里，看到橱柜大开，床铺也被人翻得乱七八糟！她赶紧拉开被单拉链，她儿子给她的1000元生活费不见了！阿婆再翻翻箱子，她的金银首饰也不见了！不知道什么人这么可恶，大白天的都敢偷东西！”

“说是有外地人骑着摩托车，拿着大剪子轻轻松松把锁剪断，然后到处找钱！岂止是阿婆一家，那一片的人家都被偷了，他们辛苦做工攒的钱被小偷偷了个精光……”

“这棵树一个木子都没有了！”有人惊呼。

“我的木子也没了！”他们大呼。

主人们对那群人一顿痛骂，有人说：“他们都说茶油贵，宁可种山不种田，可是我们辛苦翻山却一无所得，明年我只种田了，至少种田没人敢到田里偷我的稻谷……”

我的女主人神情凝重，她和大家一样寻找贼人遗留下的木子。她看着受伤的树木，尽量抢救。终于，主人看见了我，她把我扶正，为我填土！

人群渐远，今天下午他们痛心而回，我不知道怎么安慰我的主人，我也不知道怎么安慰愁苦的阿婆，我更不知道怎么安慰我自己！古爷爷走了，女主人没摘到木子，把古爷爷搬走了！

秋天里的风有些凉意，我在风里瑟瑟发抖！天冷，我的心更冷！突然，山林里又出现了一批新的陌生人！“没有木子！”他们恼羞成怒。“呼”的一阵风吹过，树婶婶“啊”的一声惨叫，她的手臂被人砍了！忽然，有人扼住我的咽喉，把我连根拔起扔向那片荆棘之中……

我断气的时候，那群人已经前往别处的山林了。

少 年

文/张原

奇奇坚信所在的世界，并非童话，有一个等待着他许愿的宝葫芦。

讲童话的老人

古色古香的小镇上，有位胡子花白的老人，慈眉善目，容貌安详。他头发还未斑白时，已饱经沧桑，偶然邂逅了小镇，由于上了年纪仍居无定所，便长住了下来。

老人阅历丰富，肚子里有很多故事。

老人的故事如横亘小镇的清河，一年四季没有干涸的时候。每当有孩子向他讨故事，老人总是笑呵呵地从肚子里掏出一个讲给好奇心浓郁的小听众听。当故事结束，孩子们仍缠着老人再讲一个。老人也禁不住他们的请求，何况孩子们还给孤独的老人以欢笑，于是日头便不知不觉从头顶慢慢溜到了天的边缘。暮色四合，咕咕直叫的肚子才催着孩子们离开老人，回家吃饭。

成长的记忆里，孩子们一定会把在蝉鸣点缀的夏天，仅剩两颗牙的慈祥老人坐在乌桕树荫下的藤椅上摇着蒲扇讲童话，一群孩子围在老人身边的画面珍藏在名为“童年”的相簿中。至于童话的名字和细枝末节，应是和童年的欢笑一起被风带走了吧。

白墙青砖黑瓦，不能阻挡对蓝天的仰望。

对于这样一个物质生活不算丰裕的小镇，老人的童话代替了城里孩子的跳皮筋、连环画和游戏机，给孩子们带来了精神世界里的欢愉。比起对清河的探索，对芦花丛中蜻蜓的追逐，对漂亮圆润的雨花石的收集，孩子们更容易对老人产生兴趣，或者说是对老人的故事感兴趣。在孩子们眼中，老人就像一个神奇的大口袋，口袋里总能倾倒出许多乡下孩子没见过的小玩意儿。孩子们虽然拘囿于小镇，视野有些狭隘，可这并不能阻碍他们随年龄一起增长的对生活的了解欲。

老人的童话天马行空，载着孩子们穿梭于天地。

童话里有绿色的巨大盘旋藤条，滑梯一样，可以滑到任何想去的地方。于是孩子们坐着滑梯在童话乐园里畅游。他们遇到了会唱歌的稻草人，邂逅了有着红宝石左眼和蓝宝石右眼的漂亮兔子，远远看到了星星和月亮白天休憩的那泊深邃的湖……孩子们梦幻般游览在老人用语言架设的童话国度，不知疲倦。

老人的童话用天鹅绒铺陈，草绿色做基调，如轻快的《小步舞曲》，亦如潺潺的溪流，沉淀掉世间的动荡不安，滤除社会的污浊泥垢，像大朵的向日葵永远昂首朝着太阳。偶见忧郁的元素，但结局必然是幸福的。孩子们总洋溢着开心，未见过小脸有下雨的时候。

入夜，每个孩子梦境里不会被恶人追赶，不会失去亲人；或许会轻跳下云崖，然后舞着双翼飞向彩虹吧。谁知道呢？醒来什么也记不清了。

奇奇是缠着老人讲故事的孩子中比较调皮的一个，他总是准备很多问题，想难住老人。“爷爷爷爷，那白云是什么做的？”老人笑着回答：“白云是羊毛做的啊，你看它那么软那么低，想吃地上的青草呢。”“那拔节的竹子为什么越长越高呀？”“那是通向天空的梯子。”……尽管奇奇“十万个为什么”般地出题，老人也总是耐心回答。老人富有浪漫色彩的回答没有科学依据，却比科学的解释更令奇奇信服。

潜移默化，老人在孩子们心中种下了一颗种子。

时光号火车隆隆前行，载着所有人。每停一站，人上人下。终究，每个人都会下车的。只是时间问题。

一个寂静的傍晚，一颗星星变得暗淡。老人带着他的全部童话，永远离开了小镇。

奇奇和同龄的孩子到了读书的年龄。小镇没有学校，父母便将他们托给了亲戚，让他们在城里上学。

宝葫芦与长生药

五六岁懵懵懂懂的孩子，应该都做过关于死亡的梦，梦魇披着一袭黑衣，看不清嘴脸。梦醒时分，满脸泪痕。梦清晰而虚妄，烙印在奇奇的记忆里。至于为什么会在日出时就想见日暮模样，或者对人生进行漫无边际的思考——自己的家人和所接触的人并没有过世的——没有人知道。

他立志要当一名科学家，研究长生不死之药。虽然他不知道世界上究竟存不存在这种药。

最初的人生规划就这样诞生了，奇奇用粗铅笔勾勒出为实现目标前进的路线图，那便是好好学习知识。这自然是母亲教的。奇奇的小脑袋还解决不了对他而言颇为深奥的问题。

童稚的少年初上学堂，一切都那么新鲜。课上孩子们端坐听讲："盼望着，盼望着，东风来了，春天的脚步近了……"下课铃声响起，宣告游戏时间到，孩子们奔涌向操场。两个孩子站两头，一群孩子站在他们中间左躲右闪，沙包在空中冲窜翻滚，打下每个欲避开它的孩子；单脚蹦着，或进攻，或后退，站立不稳便会被对方膝盖撞得失去平衡，输掉比赛。

初来城市，奇奇还有些不适应，镇上没有高楼大厦，没有超市百货，没有公园游乐场……奇奇的眼里全是好奇与羡慕，羡慕那些城里的孩子。他们腕上戴着电子手表，每天穿着光鲜的外衣，讲着一口流利的普通话；而奇奇，似乎与这座城市的一切都格格不入。

不久，奇奇和同班的培培成了好朋友。因为培培懂得比他多多了。奇奇总是尾巴一样跟着培培，跟着他能长许多见识。培培说："我爸爸有个宝葫芦，葫芦很大很大，里面能装很多很多东西，能变出你想要的东西，无论什么都可以。"奇奇纯真的心跟着培培的谎言飞出很远。是不是有了宝葫芦，不用当科学家研究长生药，妈妈爸爸和奶奶就能长生不老了呢？那该是多么神奇的宝贝啊。奇奇羡慕地对培培说："我们是朋友吗？""那是当然的了。""那……那……回头能不能把你爸爸的宝葫芦借给我呢？""呃……我爸爸现在在国外，等他回来了就借你。""好吧，那你要说话算数。""嗯。这是我们之间的秘密，不要给别人讲。"

奇奇很佩服培培，虽不是因为宝葫芦，却源于宝葫芦。

老师分发苹果，每人一个，遥遥生病没来，她的便被放在课桌里。培培趁课间班里人少的时候悄悄拿走了遥遥的苹果，偷偷吃了。奇奇无意中看到了。

遥遥病好，找不到苹果，报告给老师。班里，老师厉声问谁干的。培培心虚地低下头。为帮朋友挡箭，奇奇在全班同学惊讶的目光注视下站了起来，走到遥遥跟前，把自己的苹果给了遥遥，才止息这场风波。

一直过了很久，奇奇坚信所在的世界，并非童话，有一个等待着他许愿的宝葫芦，硕大。

父亲与海

海是无尽的蓝色森林，森林随风摇曳出波浪，好似一双手，抚摸着他的情人——海岸。她的发际柔软蜿蜒，用无声的情话诉说着对海的思念。

大海有时和缓如二分音符，有时则像一个乖戾无比的暴君。喜怒无常的大海，不知吞噬了多少在他掌心漂荡的无辜的船。

为了供儿子上学，也为了养活一家人，奇奇的父亲决定找个营生。他顺清河而下，来到了清海。这座海滨城市的标志性雕塑是海滨的一尊手捧珍珠的清海渔女。而父亲的工作和渔女一样。他知道什么季节在什么水域用什么方法可以捕到什么鱼，看看天气摸摸水温就知道鱼群在哪里活动。打鱼是祖上传下来的手艺。

披着晨光在渔船上摇晃，又在脸上沁出一片夕阳时靠岸，一天的辛苦结束。日复一日。清海只有两个季节，春和夏。夏季比任何地方都要漫长，漫长到让人绝望。酷热的太阳把高楼大厦、汽车公路熔化，把海水蒸发，把鱼闷得游到海面上来呼吸。整座城市都在发着高烧。奇奇的父亲就在海上，戴着渔夫帽，穿着薄衫，渔网一撒一收，大量的鱼捞了上来，倒入鱼篓，有时还会有鱼蹦跳到船舱里。有着渔女的保佑，奇奇的父亲总有收获，不只鱼虾，还有平安。

儿子一个人在外地念书，父亲放心不下。隔三岔五，他们会彼此以电波形式表达着对对方的想念。可父亲的表达，不似母亲那样嘘寒问暖，关怀备至；父亲只是问奇奇的功课紧吗，学习成绩如何，与城里孩子相处怎样，等等。每次都是。时间长了，奇奇觉得父亲似乎没有别的什么说了。奇奇问父亲大海是什么，大海里有什么。父亲在电话那边说：“大海比你见过的任何事物都大，你看呀看呀，就是看不到尽头。海里有海底世界，那里生活着鱼呀虾呀蟹呀贝呀葵呀草呀等各种各样的东西。我拣了一些很漂亮的海螺……”“海螺是什么？”儿子问。“就是海的话筒。你把螺放在耳边，有时候能听见海的声音。那是一种神秘的声音。不是哗哗声，不是咕咚声，是来自海底的声音，海的心跳，海的呼吸，海里动植物的碎语。等下次见面时给你。奇奇，你要好好学习呀。城里的孩子都很刻苦的……”

夜空里有多少颗星星，海里就有多少条鱼，父亲说过。奇奇想：那鱼儿长大了是不是也离开父母，独自在外面漂流呢？每当一个人静静地陪着影子的时候，奇奇总会想起清河镇，想起和母亲去河边洗涤衣服，想起自家院里墙角的青苔和蟋蟀……闭上眼依稀还在眼前的人与物，怎么忽然间就再也摸不到见不着了呢？

什么时候才能再和父母相见呢？什么时候才能到那个神秘的清海边看浪花呢？也许得上完小学了吧。

没有结局的结局

其实到这里，故事已经结束了。

可你们并不会满意这个结尾。

我在殡仪馆见到了他的父母。奇奇静静地躺在床上等着被火化，雪白的单子蒙着他小小的身体。奇奇的父母至今也不愿去接受这个事实。我并不知道他的死因，坊间流传的版本很多。

奇奇应该见到了他小时候给他讲童话的老人，天天缠着他讲故事吧。

回去的路上，车里播放着许巍的《少年》。

世界已过去多少年
如今的你们在哪里
经历着什么样的故事
什么样的幸福 伤痛
今天我依然能感到
那清风掠过的春天
掠过了城市掠过村庄
掠过我们年少 胸膛
我依然看到那些 少年
站在九月新学期操场
仰望着天空清澈的眼神
想着无限的未来

世界已过去多少年
如今的你又在哪里
经历着什么样的故事
什么样的幸福 伤痛
今天我依然能够感到
那理想飞扬在春天里
飞过了城市飞过村庄
来自我们年少胸膛
我依然看到那些少年
站在九月新学期操场

仰望着天空清澈的眼神

想着无限的未来

愿你们在天国安好。献给永远停留在青春年少的你们。

青苔上

不要向井里吐痰，也许你还会来喝井里的水。

——米哈依尔·亚历山大维奇·肖洛霍夫

黑 板 里 的 怪 物

文/邬龙飞

他像是某种守护神，就像山神之于山野、湖神之于湖泊、树精之于树林一样。

1

黑板里一定有个怪物，在呼吸的。

2

“那个漫长漫长的炎热夏天……”

我在一个窗户的内侧一片水汽的地方写下这样的句子。那是我高三的第一个学期，我被从“实验班”贬到“择优班”，我被留校察看，我的女朋友退学，我一个朋友也没有了。窗户内侧的水汽上不知道被谁画了一个很丑的笑脸，笑脸嘴角的水珠凝起来，往下滑，不像口水也不像血。那段日子，我觉得生活像一些食草动物的粪便，带着一股臭味，又被强硬地当作生活的肥料。

我想我是个早慧的人。很早的时候，我就明白一些道理，世故的、哲理的，能在某些时候娓娓道出，也能通过遣词造句写成文章。在别的男生洒汗运动的时候，我会选择做点安静的事情。我最喜欢的作家是卡尔维诺，他的脑子里回路无穷无尽，像极了一座解不开的、带着窗户的迷宫。

可是啊，早慧不是早熟。因为早慧和晚熟，十六七岁的小伙子和小姑娘很容易地就在一起了。起先还顾及众人的眼光和议论，往后也就习惯了，甚至开始享受那些瞟过来的目光。她叫榆，我记得她脖子后面的皮肤，把头发撩开，就像初春树上出现的霜；我也记得她的眼睛，近视却不戴眼镜的眼睛，总是在张望的样子。

在看起来无穷无尽的分开谈话、公开批评、约见家长以后，那种厌恶也滋长得日益旺盛。现在想来，到了后来，把我们维系在一起的，一部分是“爱恋”，另一部分则是“对抗”。对外部世界的排斥让我们靠在了一起。终于有一天在晚自习前，我们逃出了学校，带着平时省下的和当晚借的总共几百块钱，以及向1993年出生的同学借的身份证，仓皇而兴奋地逃了出去。

我们不知道要去哪里，只想离开这里，于是我们想到了火车。但是，在候车的时候，家长、老师和警察组成的队伍及时出现，捕获了我们。

我把票藏进了候车座位之间的夹缝里。

榆常年在外地出差的父亲连夜赶了回来，给了她一个耳光，然后让她退学。我母亲和教务处长是高中同学，她赔着笑脸恳求，最后学校给了我一个留校察看的处分，我也从文科“实验班”转到“择优班”，也就是普通班。新班主任以全天候无死角监控本班教室而闻名，时常在不同的时间点和不同的方位出现在教室里，没收手机、MP4、杂志小说，然后把它们的主人请到办公室。

“那个漫长漫长的炎热夏天……”

我给榆写着信，我不知道应该寄到哪个地址，我在网上给她的留言亦如石沉大海。据说她父亲把她带到了他出差的外地。手机自然也是关机的状态。我坐在最后一排，写完这句话的时候，前座传过来一张崭新的空白地理试卷，地球以各种视角黑黑白白地排列着。我盯着这些地球看了一会儿，把试卷放到了一边。

我再抬头的时候，黑板里的怪物，就蓦地出现了。

它，或是他，有一个硕大的鼻子。这鼻子接近于狮子的鼻子，却也有高高的鼻梁。眼眶深陷，紫黑，爪子抓着黑板下的粉笔槽，鼻翼有规律地一张一合，在呼吸。他也缓慢扫视着整个班的人，边扫视边有意无意地露出自己的牙。

别的人都没有注意到吗？

3

我记得村上春树的小说里经常出现的“羊男”，那是一个半人半羊的奇怪生物，衣食无忧地生活在丛林里的一个隐秘的房子里，或是在电梯往下到达的某个地方，连接着两个世界。他也写一个叫作“冷酷仙境”的地方，在那里，人和自己的影子必须被切分开，影子会湮灭，人也无法返回。

这种两个世界的割裂感，我想村上一定是想通过这些飘在空中的隐喻告诉人们些什么。

我给榆写完信，不知道要寄到哪里。我很想念榆，榆也一定很想念我。我生活得索然无味一日更甚一日。我不再住校，我母亲每天晚自习结束后都会来接我回家，路上也不发一言。她上的是师范，但是成为了一名会计。不知道为什么我从小就讨厌那些繁复的名目和数字，数学也一直学不好。

下午是一节实践课，因为实验班的进度比较快，已经上过了，所以我一个人留在了教室。我又拿出那封信，把它装进了信封，贴了张一元的邮票，写了收信人、寄信人，但收信人地址和邮编只能空了出来。心里的绝望的确是无以复加。

这时候，黑板里的怪物又出现了。模样没变，还是沉在黑板的深处，墨绿的上半身。只是有一点不同，他朝我伸出了手。我不知道应该叫手还是爪子，上面布满了浓密的毛，也是墨绿的，指甲短而尖。他朝我伸出了手，接着，钩了钩手指，像是在说："拿过来。"我呆呆地站起来，拿着信往黑板的方向走。我把信递向他的手的位置，刚触到黑板，信就从我手里消失了，同时，变成了黑板上的粉笔画样的存在，一点点变淡，最后随着怪物本身一起消失了。

我回过神的时候，发现那张一元的邮票正贴在我右手的手腕上。

谢谢你帮我寄信啊，怪物先生。

4

所有人下课回来，教室立刻变得很闷了。没有人知道刚刚这节课上，我把一封没有收信人地址和邮编的信通过黑板里的怪物先生寄了出去。他们在讨论课上发生的有趣的事情，教室里充满男女生的嬉笑声，和随后响起的大扫除的提示音乐。灰尘扬起来，地面湿起来，我的耳朵里有种喜剧片里一个镜头和另一个镜头连接的时候的紧凑的嚓嚓声，或者是赌博老手在洗一副崭新扑克牌的声音。

嚓嚓嚓，嚓嚓嚓。

帮我寄信以后，黑板里的怪物就没出现了。

我很想听听他的声音，他一定知道很多很多的事情，他一定存活了很久，只有特定的人可以看到他。我想，从有黑板开始，他就存在了。他像是某种守护神，就像山神之于山野、湖神之于湖泊、树精之于树林一样。从很久以前起，一定有不少的人，在凝望着黑板发呆，或是不经意抬头的时候，看见了他。他也许并不一直都是沉默的，他可能有一副浑厚而带着共振的嗓音；他也许会把他毛茸茸的爪子沉沉地搭在某个少年的肩膀上，或者轻轻擦去某个少女的眼泪。

那些压抑的寂寞的魂灵，无法突破没有成年的躯壳，而黑板里的怪物先生，会尽自己所能帮助他们。

其实我和怪物先生早就熟悉了。我不说“他其实是我自己心里的怪物”这样俗套的话，我知道他就在黑板里，他就应该在黑板里。

一个礼拜以后，同样的实践课，我收到了榆给我的回信。那节课，我什么都没有做，只是坐在位子上，呆望着黑板，十分钟、二十分钟，直到下课前几分钟，一个信封从一个模糊的点渐渐变大，变清晰。它就在怪物先生的手里，接着，怪物先生的手一松，信准确地掉落在粉笔槽里。我快步走到讲台前，趁怪物先生没有消失，对他说：“能告诉我榆在哪里吗？我很想她。”

怪物先生没有回答，只是缓慢地眨了眨眼。

是榆的字迹，同样没有邮票。

W：

展信佳。

我也很想你。

我现在在一个离你很远的城市的一所寄宿制学校里，离我爸承包工程的地方很近。

抱歉，怪物先生说我不能把具体地址告诉你，否则会很麻烦。我听他的。

我现在的这所学校管得很严，发型、衣着、作息，全校都是统一的，我经常对着一大片一模一样的人不寒而栗。这里的人每天花很多很多的时间在课桌前面，他们都有一个很大的水瓶，早上从饮水机里接一瓶水，喝一天。上厕所也是行色匆匆。

不过不管怎么说，我现在也算是在一个新的环境里，比你好一些。我很担心你，我很难想象你是怎样度过每一天的，新班级的同学对你友善吗？你还在写你的那个长篇小说吗？如果还在写的话，把新写的章节寄给我看看吧。

怪物先生说很乐意为我们送信。

那个漫长的炎热夏天，也已经结束了吧。我不知道什么时候能回去，我爸好像准备搬家了，好像也不是搬到我现在的城市，可能是北方的某个大城市。我不知道什么时候会动身。他好像准备再婚了。

我想我们会再见的。

榆

5

我给榆寄了我写的小说的新章节。这个小说我陆陆续续地写，从高一下半学期开始，写到了高三，总共有十几万字了。这是第二十三章的开头，我写到了怪物先生：

N终于还是离开了铁轨扳道工的家。N还记得那个扳道工经常失眠，也记得他的右手臂上有几条很深的疤。除了长疤的地方，扳道工的手背上有茂密的汗毛。扳道工从来不说那些疤是怎么来的。

离开以后，火车的轰鸣仍时常响彻在N的梦里。N也开始失眠，他在廉价陌生的旅馆房间里辗转反侧，在坏掉的空调的嗒嗒声中迎接一个又一个寒冷的早晨。在某个凌晨，就在太阳差不多要冒出来的前一个小时，在床头灯昏暗而不稳定的光照中，N在天花板上看到了一个呼之欲出的怪物。

N肯定那绝不是水渍，是在呼吸的怪物。那怪物有一个像狮子一样的鼻子，也有一双像扳道工一样毛茸茸的手，他看不清怪物的手上有没有那些疤。也许是因为那双粗壮的手，N发觉自己对其一点都没有恐惧感，反而从心底生出了亲切。

在接过我的信的时候，我感觉到怪物先生略有迟疑，也许是发现我多少写到了他的片段吧。

“怪物先生，你会害羞吗？”

信停住了。一半在黑板里，一半悬在空中。

“偶尔吧。我也是刚刚上任。”他的声音并没有我之前想的那样深沉而带着共振，反而有种青年的犹豫。

“你的前一任呢？”

“他老了，退休了。他有三百多岁了吧。”

“三百多年前有黑板吗？”

“有的。从石器时代开始，你们的祖先在岩壁上作画的时候，我们就存在了。”

“你们……除了送信还做别的什么事情吗？”

“我也不是很清楚。长辈告诉我，能看得到我们的人是我们存在的价值，我们一定要帮助他们。”

没等我再问，怪物先生就和我的信一起，再次消失在了黑板里。

6

后来，我和榆终于成年了。渐渐地，榆给我的回信越来越短，她开始很少提及我们以前的日子。她在新的学校有了新的朋友，相处融洽，也有别的男生开始跟她示好，她亦不拒绝。这些都是怪物先生告诉我的，依然是那种带点犹豫的、青年的嗓音。

再后来，她还是搬家了，却不是搬往北方。她父亲办好了移民手续，带她去了加拿大。她的英语很好，直接在当地的高中跟班上课了。怪物先生告诉我这些的时候，我的胃酸莫名其妙地一阵一阵地泛起来，喉咙深处全是既酸涩又刺痛的感觉。我说："带我去看看她吧，看一眼就可以。"

"……"

怪物先生没有回话。他想了一会儿，点了点头。随后，黑板上出现了一扇门，像是以简单的粉笔画勾勒出来的，没有把手，从黑板顶端一直到粉笔槽的高度，没有画完的样子。我用手轻推这扇"门"，墨绿的光闪了一下，我发现我出现在了一座高架桥上。

怪物先生在我身边。他比在黑板里看起来更大，更结实，毛发更浓密。这座高大而错杂的高架桥，我想就是连接着黑板与天花板、画布、墙壁等的通道吧。我可以隐约望见远处的一座高架桥上，有一个同样墨绿的怪物先生在飞奔。

我并没有多说什么，只是跟着我身边的怪物先生一起往前走。

"外国的话，可能得多走一会儿。"

"嗯。"

走了很久，匆匆经过了很多窗口。最后我们走到了这座高架桥的尽头，一面隔离网阻断了路。怪物先生带着我从右边的楼梯走下高架桥。在桥下的"地面"上走了一会儿，出现了一条河，河面不是很宽，水也不是很急，有许多木桩露在水面上。我跟着怪物先生一蹦一跳地到了对岸。爬上另一座高架桥以后，又走了一段，怪物先生终于停在了一个发着光的窗口前面。

“就是这里了。”他擦了擦脑袋上的汗。

我从那个发着淡淡绿光的窗口望去。我看到了正在讲课的老师的左手，听不到声音。肤色各异的学生在下面听讲。

我看见了榆。

她没看着老师，脸侧向窗外。我发现她对我来说竟然有点陌生了。她的头发长长了很多，随意地垂下来。我没法将她和随我一起逃出学校的那个榆重叠起来。她看了很久的窗外，可能觉得有些厌倦了，于是缓缓地把头转了过来。

我终于看到了她的正脸，还是那样精巧的五官。我能看到我一年多以前在学校实验楼的过道里趁着夜色躲在摄像头的盲区里匆忙亲过的嘴唇，我也能看到她曾经在车站噙满了倔强的眼泪憋得发红的眼睛，还有她那最好看最好看的就像一支新毛笔第一次蘸满墨水画出一笔的眉毛。

可是她看不见我，也看不见黑板里的怪物先生了。

7

经过最后两个月的考前轰炸，加上之前的文科底子，以及那一年特别简单的数学卷子，我考上了省内的一所一本的工科大学。在工科大学里学新闻专业，虽然听来有些讽刺，但的确比在别的地方轻松不少。

我经常有一整个下午的时间可以用来随意挥霍，很多时候，我都会带着我的电脑来到学校后山的一家咖啡店，写一些有的没的的文字，像小说又谈不上是小说。

这家咖啡店是毕业的学生开的，兼卖挺好吃的焗饭和意面，但经常一下午只有我一个顾客。我坐在西北角，喝一杯有速溶嫌疑的摩卡，看着时断时续的

WIFI信号，和窗外投来好奇目光的羊或者鸡（隔壁是一家饭店，自己饲养的）对望几眼，然后敲几行字。

大学以后我就没见过怪物先生了，他显然很不适应大学里的投影仪和大屏幕。而就在今天下午，我在写这篇文章的时候，他出现在了我的电脑屏幕上。他从我的任务栏里跳了出来，比腾讯QQ的图标略大一些，冲我扬了扬手，我也朝他笑笑。几秒钟以后，他就“下线了”，我点开任务栏拓展，也没有他的图标。他就像在我十六岁的时候蓦地出现一样，在我二十一岁的时候蓦地消失了。

我确信你存在过，就像确信其他的一些事情一样。我确信我的早慧；我确信我曾经拥有的小女朋友；我确信那场差点成功的私奔闹剧；我确信我看见过加拿大的高中的教室；我确信我在高中毕业前写了一部二十万字的小说；我确信我把这部小说仔仔细细从头到尾看了一遍，然后哭着格式化了硬盘；我确信我在高考前忍着恶心做完了三角函数的题库；我确信我在考场上写了一篇近乎满分的作文。

我知道你曾经凝望我们——那些能看见你的孩子。我也知道就算再也看不见你，你还是存在、往返于那无穷无尽的高架桥上，带着一封一封灼灼的信，或者一颗一颗悸动、压抑的年少的心。

黑板里的怪物，谢谢你的陪伴。是时候说再见啦。

时 间 旅 行 馆

文/乱了夏天

这是她期盼已久的相遇，她看见那双熟悉的温柔的笑眼，忍不住红了眼眶。

楔 子

林姝雅是在回家的路上不小心闯进这家不起眼的小店的，那天下着倾盆大雨，三米开外看不清人影，她和路人一起挤在房檐下躲雨。人多拥挤，她被身边的人撞了一下，然后踉跄着退后，推开了身后那家旅馆的大门。

那扇门是虚掩着的，门后的墙上挂满了各式各样的钟表，短短的走廊墙上挂着几盏白炽灯。林姝雅看了看身后拥挤的人群，犹豫了一下，便拍了拍身上的雨水。她的长发沾上了雨水，有些微湿，脸上被风吹得凉凉的，修长的睫毛沾染了些许雾气，她小心翼翼地往里走去。

“老板在吗？我躲下雨可以吗？要不帮我开个小房间也行。”她怕被老板赶出去，又斟酌着加上一句。

没有人回答，林姝雅被这安静的气氛弄得心里惴惴不安。

她往前走了一点，才看到柜台，玻璃柜台里依然放着各式各样的钟表，有一个男人正站在柜台后面，侧着身子调试一块银色的手表，他的面容不知怎的有些模糊，仿佛站在千里开外的云端一般。

林姝雅再次开口请求："可以在这里避下雨吗？"

那个男人好像抬头看了她一眼，然后将手中摆弄着的那块手表戴上了手腕。

1

她从梦里醒来的时候还是半夜，弯月挂在深蓝的天空中，星星稀稀拉拉地散落着。

林姝雅想起了自己刚才做的那个梦，自从那天不小心闯进了那个奇怪的旅馆之后，她就一直梦见那个旅馆的老板。

不，不该这么说，应该说自从她有了那块手表之后，那块她从旅馆离开时，老板送给她的手表，她便一直梦见那个男人。

而且这块表也有些奇怪，它的指针是逆时针旋转的。她哈了口气摩擦着表盘，然后将手表取下放在了床头柜上，翻了个身拥着被子继续睡觉。她闭着眼睛微笑，明天大学的录取通知书就会到了，她既期待又不安。

早晨的时候，林姝雅被床头的闹钟吵醒，她翻了个身迷迷糊糊地伸手在柜子上摸索着找到了那个闹钟然后一把摁掉，倒头又睡了过去。闹钟被她不小心碰到了地上，滴溜溜地滚了两圈便躺在床底下安静了下来。

林姝雅是在五分钟之后清醒的，因为她猛然想到，自己并没有在房间设闹钟，自从高考结束后她把家里的闹钟全都打包扔掉了。

她坐在床上发愣地看着房间，房间的摆设都变了，不再是原来的样子了，床头柜上她半夜放在上面的手表也不见了。

林姝雅一骨碌爬下床穿着拖鞋冲出房间，客厅的样子也不一样了，等等，为什么那个电子钟上显示的是2024年！

身后传来脚步声，她转头看见一个穿着西装的男人边系着领带边走出来，看见她很是温柔地笑了，说："你醒了。"

林姝雅惊讶地瞪大了眼睛，"你是谁？"面前的这个男人有着完美比例的身材，他的声音低沉而温柔，骨节分明的手指灵活地系着一条藏青色的领带。

"我是你的丈夫。"他是这样回答的。

"你在开玩笑。"林姝雅是这样回答他的，她觉得很荒谬。

但她却又隐隐地预感到，她这是一觉睡到了未来，可是让她如何接受眼前这让她哭笑不得的事实？她不断地在心里告诉自己，这里是2024年，刚才的那个男人是她未来的丈夫。

她站在阳台向四周看了看，都是陌生的景色。

正巧隔壁阳台上有位大婶在晒衣服，她尴尬地笑了笑，冲那位大婶打招呼："阿姨，今年是2024年吗？"她斟酌半晌才开口。

那位大婶似乎觉得她的问题很是奇怪，用审视的目光上上下下地打量了她好几圈："对啊……不过，你是？"

林姝雅嘴角抽了抽："我住这儿。"她也不知道该怎么回答这个问题。

大婶先是露出惊讶的表情，然后若有所思地点点头，便端起脸盆转身回屋去了。

林姝雅得到证实后，脑袋发蒙，机械地转身，尴尬地看着林沐，憋了半天，才回了一句："原谅我，这是失忆！"

2

电视频道换来换去都是林姝雅不认识的演员，就连眼前的3D电视都是林沐教她用的，不是因为自己老土，只是年代问题而已。

门外突然传来脚步声和说话声，林姝雅扔下遥控器跑去玄关透过门缝往外看。

林沐刚好下班了，他正准备开门进屋的时候，却被隔壁的大婶拦下来唠嗑。

“林先生下班了啊，吃饭了吗？”

林沐礼貌地点头微笑。

“林先生最近交女朋友了吗？那我上次给你介绍的那闺女你还去不去相？不是我夸，那闺女是真好，相貌和学历都没的说，言谈举止也是一等一。”大婶似乎想要做媒，话匣子一打开，便滔滔不绝地说起来了。

“当然我不是说早上看见的那个女孩子不好，她也挺好的，看着挺秀气的，就是显小。林先生你也老大不小了，也是时候为自己多打算打算了，你不要觉得我说得难听，人啊，不能老抓着过去不放。”她唾沫横飞地说着，林沐却依然礼貌地在一旁听着，搞得偷听的林姝雅都有些不耐烦了。

林沐不是结婚了吗？真是，怎么还给他做媒呢？这位大婶有些搞不清状况吧？她皱起眉头，不悦地想着。

大婶还在那里滔滔不绝：“林先生你要多看看，你看你条件这么好，别人不会觉得你是二婚的。”

林姝雅不高兴了，虽然林沐现在还不是自己丈夫，可是未来是呀，这位大婶难不成想劝他离婚？

她猛然拉开门，换上一副贤惠的笑容：“我听见门口有动静就过来看看，没想到真的是你回来了，快进来吧，我已经做好晚餐了。”她的笑容大方得体，然后假装无视那位大婶，把林沐拖进了房里。

林沐觉得很好笑，看着空荡荡的餐厅揶揄她："晚餐呢，难不成只有聪明的人才能看见？"林姝雅尴尬地把围裙递到他的面前："我只会蛋炒饭，还是你来吧。"

他伸手接过，很自然地系上，林姝雅觉得有些不好意思，在边上转了两圈，发现自己完全帮不上忙后，才终于去了餐厅摆餐具。

吃完晚饭后，她早早地跑回了卧室，她有轻微夜盲，一到天黑，眼前几乎是一片模糊。

她在家里的时候，都是点灯睡觉，可是在这里不同，她不知该怎么称呼这个地方，自从莫名其妙地一觉睡到了2024年，她便总是觉得全身别扭。

她在心里默默地保佑自己千万不要半夜想上厕所，可是偏偏想什么来什么，她被尿憋醒后，还发蒙地躺在床上看着天花板许久，最后下定决心，打算摸着墙去厕所。

可是等到她推开门，却发现客厅留了夜灯，走廊也开着一盏小灯，昏黄的灯光柔和不刺眼，足以让她看清楚路。

林姝雅心里很感动，林沐其实是知道自己有夜盲症的吧，因为他和"自己"是夫妻呀。

回到卧室关上房门前，她还回头看了看身后留着的落地灯，灯光温暖而柔和地投射在米色瓷砖上，整个客厅都被黑暗所笼罩，只有那小小的一块地方，有着一点温柔的灯光。

3

早晨起床的时候，林姝雅听见林沐站在阳台上打电话，不知和电话里的人说了什么，语气不是特别好。

“说了你不要再管我的私事，不要去听那些风言风语的。”他有些不耐烦，便把电话给挂断了。

他转身看见她光着脚站在阳台门口，一脸迷茫地看着他。林沐叹了口气，找了双鞋放在她的脚边：“穿好去换衣服，等会儿一起下楼吃饭。”

林姝雅愣愣地“哦”了一声便带着发蒙的脑袋走去厕所。自从高考完，她把家里所有的闹钟全部扔了后，便开始了晚睡晚起的作息生活，即便到了这里，依然每天早上都要赖床。

她洗漱好后，便跟着林沐下楼吃早饭，进店刚坐好就有服务生过来点单：“林先生早上好，这位，是您太太？”

林沐微笑着点头，然后点了两碗粥和小笼包。“林先生今天怎么喝粥了？今天不用上班赶时间吗？”

“她爱喝粥，我陪她喝。”林沐伸手从筷子筒里抽出两根筷子，然后拿纸巾垫着放在林姝雅的手边。

林姝雅觉得林沐不是一般的细心，细心的男人最有魅力。她甚至在心里感叹自己的运气，未来能嫁给这样的人。

但是林姝雅心里还是有个疑问的，如果自己到了未来，那么未来的林姝雅又去了哪里？她总觉得有点不太真实。

抬眼便看见林沐拿筷子把小菜里的葱都挑了出来，她惊讶地挑眉：“你不吃葱？”

他很认真地一边挑葱一边点着头，林姝雅看着他的样子忍不住笑了。

吃完早饭后，林沐直接去上班，林姝雅则上楼回家。

林沐除了周末每天都要上班。自从来了2024年，几乎每天都坐在电视机前，林姝雅终于决定起身给自己找点事做了，房子的卫生似乎有一段时间没有打扫了，那些装饰的物件上都能用肉眼看见一层灰。

等到扫完地后，林姝雅就觉得已经累到不行了，她一边擦着书架，还一边看着电视，三心二意地磨蹭着。

客厅里门铃声“丁零零”急促地响个不停，她匆忙放下手里的抹布跑去开门，打开门却见门外站着一位五十岁左右的女人，打扮很时髦，举手投足也很优雅，可是就在看见林姝雅的那一刻，那张化着精致妆容的脸大惊失色。

“啊！”她尖叫了一声，然后瞪大的双眼里满是掩饰不住的恐惧，“你是人是鬼？”

4

林姝雅被她的举动吓了一跳，皱着眉头指责：“第一次见面不能这么没礼貌地说别人是鬼吧？”她翻了个白眼，“我当然是人。”

“你又是谁？”林姝雅上下打量着她。

“我是林沐的妈妈。”似乎是发现了林姝雅是人后，她镇定了许多，径直走进屋里来，然后一屁股在沙发上坐下。

林姝雅吃了一惊，这个女人是林沐的妈妈，那么不就是我的婆婆？她在心里想。

完了完了，自己刚才对她态度那么差，她肯定不怎么高兴，而且说不定以前她和未来的林姝雅关系就不是很好呢！她咬着大拇指忐忑不安地想着，一边在厨房焦躁地转来转去，一边大脑飞快地运转着该怎么收场才好。

她端着水出来，然后将杯子小心翼翼地放在桌上。

“妈，喝水。”她带着讨好的口吻说道。

林沐的妈妈听了她这话吓得手一抖，水全泼桌子上了。“你别乱叫，你还没说你是谁呢，为什么和我媳妇长得一模一样，不会是特意整容整成这样来勾引我儿子的吧？”她瞪着林姝雅，一双眼睛犀利地扫射着她。

林姝雅心里毛毛的，她压住心里的不舒服，耐心地回答：“您怎么会连自己儿媳妇都搞不清呢？我就是林沐的妻子呀，我什么时候整过容了？我天生就长这样。”这女人看着这么年轻，不会是有老年痴呆吧？

林沐的妈妈见林姝雅还一副“我就是正室”的表情，气得火冒三丈，手啪的一下拍在桌上：“我媳妇我还不知道，她都死了几年了，我告诉你，要不是林沐叫我不要插手他的私事，我早就把你扫地出门了，你最好自觉点，自己赶紧收拾收拾东西滚，有妇之夫也敢勾引！”

林姝雅震惊了，什么乱七八糟的，她怎么什么都听不懂啊？

这个人真的是林沐的妈妈吗？

林沐的妈妈见她愣住了，以为起到了震慑作用，看了看时间，发现林沐快要下班了，为了防止撞上林沐，她决定早点离开。

她拎起包得意地冷笑一声，扔下最后一句话便拍拍屁股离开了：“告诉你，整容是没用的，你不要以为整了一张和林姝雅一样的脸就可以代替她的人。”

门砰的一声关上了，可是林姝雅还坐在原地一点一点地消化着林沐妈妈的话。

就像一个重磅炸弹，一下把她炸得整个人晕晕乎乎的。

5

也就是说，林姝雅在2024年的时候就已经死了。

所以她被带到了未来，是这样吗？

她忽地站起身冲进书房开始翻找，找能够证明林姝雅已经死亡的东西，或者是证明自己不会这么早死。

她现在心乱如麻，只想知道真相。

“啪”的一声，书架顶上的盒子被她不小心摔到了地上，她捡起来发现里面只有一块手表，可是已经摔坏了，表盘裂开了，指针也断了，她懊恼地拍了拍，发现它确实坏了，只好放回盒子里。

书架顶上的文件夹里确实放了许多文件，一页一页翻过去，林姝雅的心脏跳得飞快，就在中间夹着的一份文件上面打印着几个硕大又清晰的黑体字——死亡证明，而往下看，姓名栏那里写着她的名字——林姝雅。

她颓然地坐下，双脚抵着桌子，手突然也没了力气地垂在地上，那个文件夹因为没有拿住掉在地上，里面的文件飘飘扬扬地散了一地。

她的脑袋里不停地循环播放着那句问话：我死了吗？

她坐在那里愣了许久，久到搭在桌子上的湿抹布都干了，久到电视里传来了电视剧的片尾曲，久到她默默地流眼泪把袖子都弄湿了。

她站起身收拾了一下地上便去准备晚饭，林沐回来的时候林姝雅刚好把饭菜端上餐桌，林沐看着这桌丰盛的饭菜惊讶地挑眉，虽然卖相有些不大合格。

他正打算去挂外套，林姝雅就已经从他手里接过了外套去房间挂上。

吃完饭，林沐起身像往常一样准备收拾餐桌，也被林姝雅一把推了出去。他很是无奈地笑了，靠在厨房门口看她洗碗忙个不停。

他在心里感慨，这样热闹的晚上有多久没有过了，他似乎已经过了很久很久那种死气沉沉的生活，没有波澜如死水一般的生活从来不曾被打断。

“怎么觉得你今天似乎勤快了许多？”林沐接过她洗好的盘子放进橱柜。

林姝雅正洗着碗的手顿了顿，她低头，乌黑的长发从肩头散落下来，遮住了脸，看不清她的表情，她不知想到了什么，然后才轻声回答他：“没有啊，就是觉得似乎没有什么时间能让我做一个好妻子。”

她只是想像所有的妻子一样，能够在丈夫下班的时候准备好一桌饭菜，能够在他早晨出门时递上外套微笑送别，仅此而已。

林沐抬头看了看时间，兴致很好地问她：“愿不愿意一起出去散散步？”

6

夏季的夜晚总是凉风习习，公园里偶尔看得见结伴散步的人，路灯有些清冷地将身后的影子拉长，小路上安静得能听见草丛里传来的虫鸣声。

林姝雅下意识地摸了摸手臂，跟在林沐的身后，因为走神不小心绊了一下。

林沐听见动静回头快速地扶住了她：“怎么了，看不清？”

他伸出一只手小心地拉住她在前面带路。

“这里怎么没什么人？”林姝雅心不在焉地问道。

林沐点头，伸手指指天空，林姝雅顺着他的手势抬头看去，在这个角落竟能看见满天星光，“星星是不是很美？”

都说人死后会变成星光，这满天的星光，每一颗都是为了爱的人而停留在了岁月中。

那一刻林姝雅的眼里仿佛也折射进了星光，因为，她知道她此生最不后悔遇见的人就在她的身边。

她的心里就有那么一点星光，昏黄温暖地点亮在角落之中，那点星光让她即便在看不清前路的夜晚也不会害怕。很多年后，林姝雅遇见过许许多多的困难，可是她心里却始终记得，那盏点在客厅角落的落地灯。

“今天你妈妈来过了。”林姝雅淡淡地开口。

林沐有些不安地看着她：“然后呢？”他试探地接话。

“其实你都知道的吧，”林姝雅看着他的眼睛，“我确实很难接受。”

其实所有的事情都要从一个月前说起，林沐意外得到了一块可以控制时间的表，于是将18岁的林姝雅带到了2024年，他欠她一个星夜，也想在她知道自己的死亡时间后可以重新选择，或许她回到过去，往后的日子里，她选择和别人在一起，就不会离开得那样早，就可以和另外的人白头偕老。

但是，林沐其实还是自私的，他开那一间时间旅行馆，不仅仅是为了给林姝雅一个选择的机会，还为了再看看她，他不过是想知道，她从前过得怎么样。

他伸手温柔地顺着林姝雅的长发，曾经有一段时间，她因为化疗，那头漂亮的头发掉得厉害，她一度不敢照镜子，那时还是夏天，那么热，她却坚持戴着帽子和假发，时常沉默地一根一根地挑着粘在帽子里的头发，然后默默地夹进书里。

林沐也曾背着林姝雅心疼地哭过，可是有什么办法？他知道化疗很痛，可是他只希望她能活着，即便没有了长发也没关系，只要她能一辈子陪在他的身边。

林沐时常从梦里惊醒，然后偷偷起来摸摸林姝雅的脸颊，确认她还好好的，才敢放心地再度躺下。

有时因为工作没在医院，他在公司的休息室里惊醒，却一定要深夜开着车赶到她的病房看她一眼，只有看一眼他才能安心。

可是到了后来，就连看一眼都变成了奢侈。她刚离开的那段日子，整夜整夜的失眠让他一度倒了下去。下班回到家是空旷又冰冷的房子，他也就渐渐不愿回去了，就这样待在公司，心里反而能舒服一点。

这样麻木的生活，直到过去的林姝雅的到来才终于暂停。

7

回去的路上，林沐走在前面，林姝雅看着他的背影突然就下定了决心。她加快了脚步赶上他，然后伸手握住林沐的手。

林沐的手比她的大许多，一只手就可以将她的手包住，手心的温度也让林姝雅安心。

他诧异地看着她，林姝雅挪开了视线，有些不好意思地解释："我希望能像以前一样，我可以重新习惯你，喜欢你。"

林沐一进书房就发现书房里被翻动过了，大约是下午林姝雅想找死亡证明而到书房里一阵乱翻导致的。

装着手表的盒子也从书架上挪到了桌上，他心里一惊，拿起来一看却发现原本好好的手表此刻碎得不成样子了。

林沐一阵懊恼，不该放在书架上的，可是却又发现，规定的时间也差不多到了。就算手表不碎，大概时间也会停止了吧。

很多年前的一个星夜，林沐想对她表白，却因为紧张而莫名其妙地问她"星星是不是很美"，后来，林姝雅常常提起那个星夜，可是他一直没有机会带她再看一次那样美的星空，开始他的工作忙，后来等到他终于想陪陪她的时候，她就生病了。

于是再陪她看一次星星，是他此生最大的心愿了，现在终于把它实现，好像也没有遗憾了。他叹了口气，接着沉默地关上了书房的门，最后透过门缝看见的便是摆在桌上的合照。

照片上的林姝雅和18岁的时候没有什么变化，依旧笑得那么开心，成为了他心底最温柔的记忆。

那间时间旅馆也将永远存在他的心里，也许每个人的心里都有这样一间时间旅馆，而它们的存在终归都是因为深爱。

8

这天晚上林姝雅做了一个梦，自从来到2024年，她几度怀疑自己只是做了一场很真实的梦，可是她来到这里的几个晚上都睡得很好，没有做一个梦。

但是今天晚上，她却梦见了那个下雨天，雨帘密集得三米开外看不清人影，她在屋檐下被人不小心撞进了身后的那间挂满钟表的旅馆。

短短的走廊她仿佛走了很久才看见那个柜台，柜台后面依然站着那个男人，可是却不像那天一样模糊得看不清他的轮廓。

他没有再摆弄那块手表，背对着她，站在存包处从最顶上拿出了一个盒子，然后转身走到她的面前，将盒子打开递到她的眼前。

里面还是那块银色的手表，秒针逆时针旋转着，在指向12的时候便停止了。

可是让她震惊的是旅馆老板的模样，他是林沐！

林姝雅翻身醒来，窗外的阳光已经照射进来，细碎地洒在她的被子上，周围的摆设是她熟悉的，这是她2014年的房间。

她回来了！林姝雅愣愣地坐在床上，门外传来爸爸喊她的声音，“咚咚”两声敲门声，林爸爸便推门进来了，把寄来的录取通知书扔在了她的床头柜上。

林姝雅掀开被子下床的时候，眼尖地看见脚踝处被磨破的一块小伤口，就是在看星星的那天晚上她被石头绊了一跤磨破了脚踝。

她抬起脚，不敢相信地仔细检查了伤口，原来真的不是梦，她真的遇见了十年后的林沐！

她看见床头柜上面还放着那块银色的手表，表盘裂开了，指针也断了，就和她在书房摔坏的那个一模一样。

林姝雅快速地起床换好了衣服，把那块银色的手表戴上了手腕，便出门去找那个躲过雨的屋檐。可是她转了那条路几遍，都再也找不到那家不小心闯进的旅馆了。

那块地方仿佛空了一块，小小的一面墙上，刷着乳白色的墙漆，因为前几日的大雨有些受潮，斑驳得剥落了几块，落在水泥地上，被行人踩进地上凹凸的缝隙中。

没有人去注意，也没有人知道这里曾出现过一家神奇的时间旅馆。

9

漫长的近三个月的暑假，林姝雅几乎是掰着手指数着过去的，她知道自己和林沐的相遇就是在大学，她恨不得马上就能到那一天，因为她发现自己快要记不清他的模样了。

时间终于在林姝雅的期盼下飞过，大学报到那天，是林爸爸陪着林姝雅去的，一下火车就有学校的学长学姐举着标牌站在出站口接人，然后带着他们找到校车停靠的地方，等到全部坐好后，车上又上来一位学长给大家简单地讲了讲报到流程。

他站在车窗边上，正午的太阳烈到让人睁不开眼，他逆着光站着，看不清他的模样，他一边说话一边用手里的纸当扇子扇风，坐在前排的人“啪”的一声将窗帘拉上了，阳光被挡在了窗外。

林姝雅抬头怔怔地看着那终于看清的脸，莫名的熟悉感，但是那双眼睛，她却是记住的，就和十年后一样温柔。

她猛然站起身，前面那人惊讶地看了她一眼，随即微笑着说道："这位同学，你还有什么问题吗？"

林姝雅一时语塞，然后她有些结巴地回答："学……学长，可以问下，你叫什么名字吗？"她下意识地将手捂住胸口，她听见自己的心脏"怦怦"跳动的声音。

他依然笑着，汗水把鬓角的头发都打湿了，脖子上的汗水亮晶晶的，泛着光："我叫林沐。"

——我叫林沐，我是你的丈夫。

这是她期盼已久的相遇，她看见那双熟悉的温柔的笑眼，忍不住红了眼眶。

10

林姝雅在加入学生会后，终于和林沐混熟了，在面试的第一天，林沐拿着她填好的表格，"林姝雅，"他念了一遍她的名字，然后抬头看了她一眼，"啊，是你啊，小学妹，原来我们一个姓。"他还记得林姝雅。

"你想加入什么部门？"他看见她"申请部门"那一栏是空白的。

"和你一个部门。"林姝雅回答。

他很是意外地笑了，然后把她招进了自己的部门。

"林沐，去吃饭吗？"办公室的门敲响了，一个女生探头进来小声地问道。

又是她，这个学姐总是来找林沐，明明不是一个部门。林姝雅抬头看了看林沐，每次他都是有求必应，让林姝雅很是郁闷。

“你也一起去吗？”他关上电脑问道。

“不了。”她回了一个干巴巴的笑容，咬着下嘴唇摇了摇头。

林沐走后没多久，林姝雅就站起身收拾东西准备离开，“该死的林沐，竟然这么好说话，抛下未来的老婆跟别的女生去吃饭。”她低声抱怨着，然后拎着包准备离开。

“砰”的一下，她像是撒气一般，把门大力地关上了，办公室的门被她弄得剧烈地颤动。

但是下一秒，林姝雅就发现，办公室的门不是被她甩得晃动的，似乎是地震了！就在她意识到的时候，耳朵里便响起了轰隆隆的声音，头顶走廊的吊灯剧烈地晃动了起来，然后“啪”的一声熄灭了。

林姝雅的眼前只剩下了黑暗，恐惧像潮水一般铺天盖地地涌来，双脚就像生了根，她慌乱得不知该如何是好，下意识地扶住墙，另一只手便伸进了包里开始快速地摸索着手机。

办公室其实就在三楼，如果她现在跑下去，完全来得及，可是她的夜盲症却突然犯了，她什么也看不见，只希望能找到一点光亮，能让她快速逃离这栋颤抖着的建筑物。

她在那一刻想到了林沐，如果林沐能够在她身边，那么她就不会害怕了，可是林沐却和别的女生一起吃饭去了。“不知道……”她翻东西的动作停了一下，心里突然担心了起来，不知道林沐现在在哪里，是不是安全？

“林姝雅，”声音刚落，她被一只温暖的手牵住，是林沐的声音，带着急促的喘息声，似乎是用尽力气跑回来的，“快，跟我走。”

“我看不见！”她的声音都带上了哭腔，没有料到她正想着林沐，林沐就真的出现了。

林沐愣了下，随即在她面前蹲下了身子：“我背你，快点走。”

他们一口气冲出了建筑物，她还没有完全反应过来，眼前突然出现了一丝光亮，是林沐打开了手机上的手电筒。

“星星是不是很美？”通往操场的路上，林沐突然说道，刚才的跑步使他的声音还有些急促。

林姝雅抬头，这样灾难般的夜晚，竟然也有满天繁星，她突然觉得眼眶热热的。林姝雅以为自己哭了，她摸了下脸颊，却什么都没有。

她莫名地心安，即便刚刚从地震中逃离，她依然有一种岁月静好的感觉，“是啊，很美。”就和十年后的一样美。

长 路 行

文/陈少贤

追着自己的影子，他快马加鞭，一口气翻过了一座座小山包。

小 序

长河流波，湮没了无数时代的光辉。流星纷落，沉尽追求者的尸骸于泥沼深潭之底。风卷黄沙，洗褪了苦旅客的痕迹。唯见大漠无垠。

代代传承的事业，在某个不为人知的历史坐标点上中断，涛声怒，将最后的一声叹息都挟卷消散。

流波激荡，岁月萦回。几道玄光幻影自历史的残片中射出，穿过重重历史浓云的罅隙，闪现在天际，驻于我眼前。

一

辽阔的草原是故事的开始之地。

河横贯而过，河水清澈，肆意竞流。站在河边眺望四野，大地平整如席，绿草如茵。而这草色又随日出日落微变，及至发现时，已是一季过去。远处偶尔可见山头，山丘之上苜蓿繁茂，繁华自然之气蔓延至天际。外界常有兵戈纷乱，草原却犹自安宁，宛若世外。

他并没有什么特别之处，置身于人群中也是平凡得令人难以认出。但他的眼睛却异于常人，炯炯有神——清如居前水，灿若北极星。

已是初伏炎夏，但草原的清晨还是十分清凉。时节不同，晨光也有所差异，现下虽然旭日犹未升满，但早已在草原上铺就了遍地金光。草原上笼着一层薄薄的雾气，眼前分明什么事物都很清楚，落入心底时却偏偏带了一层朦胧。

少年每天早晨都要在河边看日出，但今早却有一些不同。日出方向的天际处那个一点点向前挪动的黑影是什么？一起一伏的，显然是马在飞驰。草原有多大，他自己都不曾量过，这又是从哪里来的？“他是从太阳上下来的？”他甚至这样喃喃自语起来，但很快就看清楚了——那个人越来越近。那是一个穿玄色布衣的老人，虽然衣衫穿得十分严整，却已经褴褛不堪；憔悴苍老，须发皆白；脸色近乎黧黑，沟壑纵横，但岁月雕刻的痕迹却十分自然而柔和。

马奔近，蹚过小河，骤然停在他的面前。老人颓然地滚了下来，却又迅速地坐起。他上前想说点什么，但老人先打断了他：

“请你也坐下，好吗？”语气沉稳，柔和不失庄严。

于是他缓缓地坐下，老人紧接着急迫地开口：“你想远行吗?”

“远行？”他充满了疑惑，对老人，更对他突兀的言语。

“对呀。”老人眼里闪现出了光芒，“先穿过草原，然后会看到无数的湖泊、市镇、荒山与密林，终会到一片安静祥和的地方。”

“我只见过它一次，真是个美妙的地方！但有一缕雾总是横亘在眼前，就像今天早上这样……但还是看得清清楚楚。那就是另一个世界啊，万物都披上了最纯粹的本色。安静祥和……但是雾太强了，太强，像梦中的梦一样，于是我就来远行了……”

老人的声音戛然而止，他猛地抬起头，霎时和老人四目相对。这时他注意到，老人的眼睛混浊不堪，布满了阴翳，已几乎看不见本色。如果用他的眼睛作比，老人的眼睛就是沾染了俗世间半辈子的风霜，又被松烟浓墨熏浸了几十年。仿佛主人在心中设下了无数机关后，又给它再蒙上了一层浓雾。可是，为什么自己仿佛能看透他心中真诚而焦急的等待？

他终于还是点头同意了。于是老人也露出了微笑：“你要一路朝西，清晨有影子与你为伴，在夜晚也会有指引，你会看到的……”老人慢慢起身，向来时的方向继续走去，全然不顾身下低低嘶鸣的马儿和已怔怔入神的他，消失在天际。

一天轻快地过去，夜凉如水。沉思许久，他拿不定主意，直到熟悉天上每一颗星星的他在遥远的西天际看到了一颗前所未见的明星。

于是他出发了。如果走得快，也许还能看见老人，他想。

二

如果用“千里”来形容一个国度，必然会有一种“泱泱大国”的浑厚庄严之感；即便是描述沙漠或湖泊，亦可有“大漠孤烟直”“气蒸云梦泽”的气势。

但若是形容沼泽呢？

现在横亘在他们眼前的就是这样的一片沼泽。阴沉的水面上漂浮着几片竹筏，竹筏载着他和他的同伴。

越过草原，游过一片大湖，在沿途的小镇他意外地聚起了一小群人。他们年龄相仿，都在热爱远行、满怀对远方憧憬的年纪。

一路行来他们本来载笑载歌，但很快他们遇见了沼泽。

沼泽死气沉沉，广阔幽邃，仿佛自创世以来它就存在于此。污浊扔水面之下，不知是烂泥多些还是残尸腐骸居多。已经不幸落难的死者生前心有不甘，欲将后来者继续拉入死海，于是沼泽中心处聚生着黑色的苇草，向着水陆之间蔓延，将外围岩土腐化、稀释，进一步拓展死亡的陷阱。

竹筏正轻快地前行。青春的光芒掩映了一切，黑暗下的密谋全然被忽略。

“哗啦”一声，竹筏骤然翻倒，众人纷纷落水。紧接着传来了几声呼喊，循声望去时却只看见了几片翻腾的水花，还有瞬间潜下的短吻……

是鳄鱼。

不知不觉中，几个日夜相处的兄弟就这样离去了。于是剩下的人迅速或是艰难地挪动着，聚集到了一起，一言不发，只是将他围在人群之中。他想说话，可喉头偏偏像是哽着什么，一个字也吐不出，一点声音也发不出：若不是因为他的指路，大家又怎会有今天的危局？

但出人意料的是，他只是很快被众人拉住，然后就朝着原定的方向继续急速前行了。鳄鱼群似乎并没有尽兴，现在越来越多的“屠夫”聚了过来。

自然慵懒地在时间之下创造了亿万生灵，最后将最强的灵性赋予了人类，人类常常因此自鸣得意乃至目空一切。殊不知在自然面前，人总是渺小的。

艰难行于水中的人们完全看不到污浊的水底世界究竟存在着什么，无力反抗。但他们始终紧紧地围着圈子中心的那个人，艰难地跋涉。而他此时却是什么也看不见了，一阵晕眩后，眼前只有无边的黑暗，黑暗的天际，只有一颗孤星在幽然闪烁。但他听见了，听见他的兄弟们呼喊的声音，有开路的号子，有攻击的号令，还有……还有倒下时最后的一声怒吼和水花飞溅的声音。

鳄鱼群终于赢得了个盆满钵满，欣然散开。他此时却已是孑然一身。周围一片死寂，他就在这一片死寂中颓然走着，猛一抬头，水面上连残存的竹篙都不见了踪影。走啊，走啊……

一头小鹿跳进了视野，纯灰色的皮毛，清白的斑点，阴云之下似与水融为了一体；头上的角如莲开千叶，并蒂绽开，一刹那云开雾散，日光下泻，尽数流入了他的眼底。

他看得惊呆了，小鹿似乎也发现了他，“呦呦”低鸣着，昂首阔步向着他迈开了步子。随着四蹄轻盈优雅的迈动，他感觉死亡的气息都沉到了水底，烟消云散。

远处忽然响起了低沉的雷鸣般的嗡嗡声，一团黑云应声压来。遥遥望去，黑云所到之处，腐黑色的苇草瞬间消失得无影无踪。他想起曾听说过的“黑沼死蚊” ——成群结队，无所不食，所到之处，寸草不生，寸骨无存。

空旷的水面上，他和小鹿的身影实在是太过突兀，黑云正直逼他而来。就在他惊恐怔住的一瞬，一声高亢的悲鸣划破天际——小鹿鸣叫着朝远离他的方向跑去！就在它的身影几乎消失于天际时，黑云追上了它。鹿鸣被雷声掩盖了。

他幡然醒悟，所有的惊慌在一瞬间结束，求生的欲望蔓延开来。他开始奔跑——烂泥似乎再也不能拖住他的脚步，死水也随之被激起阵阵涟漪。黑云也扭过阵脚，直逼他而来。他在不停地加速，眼前又是什么也看不到了，只有一颗星在眼前，近在咫尺却又似遥不可及。身后死云若风，他感到自己竟也化成了一阵风，不知疲惫没日没夜地奔跑。终于，他精疲力竭，倒下了。

当他苏醒时却发现自己正躺在坚实的土地上，诧异地回头，只有一片蔚蓝的大湖。沼泽、小鹿、兄弟、黑云，仿佛从未存在过。

三

“将军！将军！夫人……夫人她……”来者急促地轻声唤道。他身躯一震，却默默无言地挥手命来者退下，继续在这大漠边陲、落日城头，披金甲，执斧钺，无言地肃立着。这里是他走过的最艰苦的一段路程的终点，他回望过去的一切，一望便是梦回之时。

从湖畔再度起程，紧接着便是翻越千山。越往前行，山形愈发诡异奇特。终于，到了一座大漠边陲的小镇，在那里他再次聚齐了一支追随他的队伍。

大漠广阔无垠，自古从未有人能穿过——即便穿过恐怕也无人再敢返回。小镇因此也成为了各路商线末梢会集的焦点，竟日复一日变得繁华了——无疑，他的队伍也只是一支投机之旅，但他并不在乎。可她，是那样地令他惊奇。虽然生长在干旱荒芜的边塞，她却有着绝代的风华，温婉、清丽、动人，令他难忘。最令他惊异的是，在第一次听完他的述说后她便毫不犹豫地对他说：“带上我。”

队伍越行越深，河流涸断，绿洲无踪，胡杨枯死，蓬刺不存。毫无疑问，他们正在向沙漠的腹地进军，队伍里已经怨声载道，就连他也开始暗自怀疑：这颗指路的明星，究竟要把自己带到何处？

众人的不满与怨恨终于在一场突如其来的风暴过后爆发了。风暴卷起黄沙，几十米高的风墙，一排又一排地横扫而过。他们躲在沙丘下才得以幸免，可背负着生存所需的一切给养的驼队却不见了。忍无可忍的投机者们将他五花大绑，命他指路，声称一日之后再无绿洲便吸食他的血肉以求存。

他没有找到绿洲。强盗们手中的白刃高高悬起。

“停下！”远远的一声怒喝响起，是她的声音——他忽而想起，自从沙尘暴后就再也没看见她了。她的声音越来越近：“我找到了绿洲。把他放了！”

她正牵着走失的驼队，语气斩截得不容置疑。

危机就此过去，此后他们运气一直很好，绿洲不断，气候也越发湿润。又是数月的跋涉，他们终于走出了沙漠，进入了都市。

繁华的都市！这是一个大国的边塞名镇，各地的藩王封主都从此地进入中原朝觐，贸易也就此如火如荼地展开。文化和思想从这个端口自由地发散，战争与和平在这个集点奇妙地融合。这里是塞上江南，富饶之地，勇者天堂。

这里也从此改变了他的旅途。就在抵达的当夜，队伍作鸟兽散，投机者席卷了一切后便投身人海，开始了新的冒险。他和她，就这样被外界孤立。他怅惘，终日默然，最后号哭不能自禁。他没想到历尽了千万的险阻，却穷困于此。回首看看走过的一切，究竟是为了什么？

时值九月，残月如弓，他望着天际久久地伫立，最后缓缓地对身边的她说："如果旅途还没有结束，剩下的路，你自己走吧。我决意放弃，去追求一些也许更有意义的东西。"但她也只是沉默，许久，才一字一顿地回应着："没有你，我看不见指路的星。"

于是他毅然从军。边境多战事，风霜伴随血腥的生活却并没有令他退缩。旅途中他早已适应了种种艰苦，看惯了生死，读透了人心。他将全数精力和才智投入作战中，最终边境靖平，他也爵封将军，位及人臣。

但随他南征北战半生的她，却是迅速苍老，身体也一日不如一日。佳人气质犹存，容貌却已非昨。终于，她病倒了，却执意要"回来看看"，却不料——或早有准备，这一回，便是永诀。

他回到房中，守护着她的尸体，直至出葬那日，他亲手点燃了她身下的松枝翠柏。

而第二日，皇帝的诰敕终于送来，大家却吃惊地发现大将军失踪了，除了一身布衣和乌骓宝马，身外之物，分文未取。

四

黑马在原野上疾驰，马上的人却已垂垂老矣。

从城中奔出不知过了几多时日，起初他还避着岗哨而行，到后来就只有一片旷野。他曾进入一片辽阔无垠的高原，又在尽头疾驰而下，在一个月之前进入了这片平原。如今他已是须发皆白，衣衫褴褛，消瘦而苍老了。

昨夜他梦见了星，在西天际，不似往时淡然地闪烁，而是急促地在跃动。他恍然惊醒，太阳已经露出了头。

他想起刚进入这片草原时就做了一个梦，梦见一片繁荣的场景，仿佛京都一般繁华盛大，犹如大漠花开一样奇异瑰丽，又似草原牧歌一样清远悠扬……

快到了，他暗想。

追着自己的影子，他快马加鞭，一口气翻过了一座座小山包。在太阳完全跳出地平线前，他又爬上了一座山头，远远的一条小河在接近天尽头处缓缓流过，河边有一座帐篷，隐约可见帐篷外有人向自己这边张望。

心跳得愈发急促，他感到一种前所未有的疲劳。扬鞭，挥下；扬鞭，挥下。乌骓马仿佛通灵了一般，再也无须他指示，径自奔驰。

近了，近了，他看见一个少年，憨厚淳朴，体格健壮，正一脸讶异地望着自己。

黑马已经渡过小河，稳稳当当地停下，他想下马，最终却只是颤巍巍地跌了下来。他感到一种前所未有的虚弱，心跳依然是那样急促。但他还是以一个军人所独有的素质，盘腿坐了起来。

这里从来就没有人烟，突然出现一个骑马的人，由不得他不惊奇吧？正思索着，少年已经走近，正要开口，看上去，想要邀请他进屋。

他的心跳又急促起来，继而感到了一种前所未有的紧迫感——从开始远行至今他都没有感到过如此的急切——于是他迅速地开口道："可否请你也先坐下？”

少年惊讶的神情还没褪去的脸上又蒙上了一层疑惑。但他还是缓缓地与他面对面，盘腿而坐。

“我想请你去远行。”

“远行？”

“是的，远行。离开这千里无人的荒漠，渡过江河湖海，翻越万岭千山，穿行于市镇都会。最后就能到一个地方，到达一块也许在你的梦中出现过的，却又是你一直以为遥不可及的土地。

“我看见过它一次，遥远而模糊，像是蒙了一层雾。但它的美却令我着迷，于是我去远行了，在我还很年轻时。今天，我也请你一起，踏上这条远行的道路。”

他静静地坐着，望着少年的眼睛。那就像是镜子一样，透过他的眼睛，他看见了少年在犹疑，在思索。倏地他又看见了自己的倒影，想到了老者的叮嘱。但他看到自己的眼睛分明已是混浊幽暗。于是他的思绪便飞回到了最开始的那一天，一天天一年年地回想，现在他终于意识到了：他已经老了。

老了啊……当一个人更多的时候是在回忆过去而不是在看着前方时，不论他的年纪多么小，他的心，总归已经苍老了。

回过神来，他看见少年笃定地点了点头。

他笑了，颤巍巍地起了身，转身背对着少年，看着西边的天际：“你要一路朝正西方走去，无论多大险阻，不要转弯，更不要放弃。日出时会有你的影子与你相伴，而天幕低垂、夜深人静时，西天际会有一颗明星闪耀，为你指路……”

眼前，天色已晚，黑暗笼罩了他周身。他只能看到天边的明星，只能听见自己急促的心跳。他不再上马，只是孑然走着，感到自己越走越快，就像记忆中在沼泽里狂奔时那样。

他感觉自己飞了起来，眼前，一张画卷展开来。他的心终于静了下来，此时他感到一种喜悦充斥体内，就像朦胧中听到自己初生时母亲的呼唤与父亲的叫喊。

回头，他看见少年在月色之下，纵马驰骋。

五

青青陵上柏，磊磊涧中石。

人生天地间，忽如远行客。

岁月长河激起簇簇浪花，我在岸边且行且吟。一点水珠溅到我衣上。

几块岁月留下的残片焕发出光芒，透过历史浓云的罅隙，徘徊于我纸上。

于是我用自己稚嫩的文字，记下了所见的一切。

梦吴越

杭 州 烟 雨

文/刘桂珠

过往经历恰似蚌病成珠，只待经年几许，再打开心事，看流年似水。

经过十七个钟头的火车颠簸，终于抵达目的地。昨夜是纳兰容若笔下的“风一更、雪一更，聒碎乡心梦不成，故园无此声”的艰辛行途。颠簸声、鸣笛声不绝于耳。匀速前进的车轨节奏、一成不变的夜景。夜像是被打翻的墨水浇灌下来，黑色蔓延了整个苍穹。夜的清冷仍灌进车厢里，当人们熟睡之际，懈怠了防备，趁机让你着凉。而我仍心存戒备，与这黑夜抗争着，不让它侵蚀我的寂寞。享受这份彻夜无眠，属于火车上的时光。

翌日拖着疲惫的身躯与行李入住旅馆。沿途而来，杭州这座城市，一如想象般秀气清雅，生活节奏亦慢许多，倒叫匆匆赶路的人松了一口气。街道宽敞干净，连公交站牌也古香古色，富有江南特色。

我伏在旅馆的书桌上，欣赏着杭州的细雨朦胧。靠窗的位置，一笔一茶的生活，正是我所向往的。屋内静悄悄，除了陈奕迅反复唱着林夕写的《富士山下》。小雨点趴在玻璃窗上，往里探头静静听着。江南的雨最是柔情，下雨天亦不喧闹，只徐徐落在行人的伞上、肩膀上，细语延绵，央行人带它们走，免遭落地被踩踏之苦。

灰蒙蒙的天，小雨下了几场。虽已夏至，仍有几分寒意，似春寒料峭。啜一口热茶，让它的温度温暖我受寒的心。爱上一座城，倒不是因城里有让自己念念不忘的人。遇上一段风景，亦仅仅是来赴一场青春盛宴。凌乱而匆忙的脚步，伴着青涩不安的心，在转站换乘间，访着内心的一份安宁。路过的许多风景，惊艳也好，平淡也罢，都会如天上繁星一般，点缀着人生画布，令它不再空白一片。内心的百感杂陈，亦成为情感的调味料，令其不再单调乏味。

唐宋的诗情画意成就了江南的烟雨柔情；吴越的文人风骨为江南注入几分豪情壮阔。许仙与白娘子的爱恨情仇终成就了西湖断桥上的千古绝唱。姑苏城外寒山寺，那灯火渔船上的一场不朽失眠，让落第者张继成为文人骚客心中的永恒记忆，谁又会去想两千多年前披红游街的状元是谁。忠心报国、破阵杀敌的岳武穆，终免不了十二道金牌的召回追杀，枉死“风波亭”。“青山有幸埋忠骨”，江南的细腻柔情兴许能抚慰你救国无门的愤懑心绪。才高八斗、仕途坎坷的苏轼流放至此，疏浚西湖，修建苏堤，处处留有“政声”。闲来游孤山访惠勤惠思二僧，闲情更添诗兴。那“天欲雪，去满湖，楼台明灭山有无。水清出石鱼可数，林深无人鸟相呼”，将林深山景恰当地点染，融触处生春，无不如意。而“江南好，风景旧曾谙。日出江花红胜火，春来江水绿如蓝，能不忆江南”，更是为人所称赞乐道。韩愈一到潮州，潮州的山水便都归了韩姓。苏轼二至杭州，西湖美景如断桥残雪、柳垂苏堤、平湖秋月、南屏晚钟便都沉溺于诗情画意中不能自拔。

千古江南情，诗情画意境。这柔情女子在民国时代再次登上历史舞台，在万众瞩目下演绎万千姿态。江南古巷，一婀娜女子打伞从青石板上经过，成就了戴望舒笔下的《雨巷》，那可遇不可求的佳人亦隐喻着诗人久久追寻的理想。走进人间四月天的林徽因，让民国三个才子俊杰倾尽一生，苦苦追寻。林徽因从江南烟雨中走出，高洁傲岸如白莲花，不惹红尘，心自清明。而江南这份带伞的思念却是由张幼仪引起的。在情场上收放自如的林徽因，最后事业爱情双丰收，可谓人生大赢家。而面对爱情能做到如此理智精明的女子，是否内心总爱自己多一点？“四月天/梅雨厌厌/在窗前/淋湿的燕/在屋檐/四月天/总是带伞的思念/我想见你的脸……”刘若英低吟浅唱道。青瓦白墙，烟雨相伴，阁楼上的期盼更添惆怅。纵有早春龙井可温暖心脾，奈何煮茶独饮，茶涩心亦清苦。你尝尽人生甘苦，错把一道风景当成生命的全部，苦苦守候却换不回一人的心。尽管你上侍双亲，下操家务，为徐家添丁，看似圆满婚姻亦只是烟花绽放，那落下的烟火亦冷，心早已枯寂成灰。那乖戾任性的诗人去写他的《再别康桥》，去寻访他的人生知己，留给你一纸休书。准确说来是离婚协议书，因其开了民国文明离婚的先例。而当你写下“张幼仪”三个字时，方知它的独立性，第一次，你可以自己做主。你说：“不幸的婚姻是一所好大学。”后来，你从坎坷中走出，并学有所成。从“梦里湘西，边城之地”走出的沈从文独爱江南女子张兆和。那时，沈为老师，张是学生。沈不顾旁人的蜚语指责，情书一封封扰乱了小女生的心。直到有一天，张兆和揣着一叠情书走进校长办公室。和事佬胡适对张说：“他（沈从文）顽固地爱着你。”你应声道：“我顽固地不爱他。”最终，张还是被沈的痴心才情所打动，发了一封“请乡下人来喝杯甜酒”的电报，终成一段佳话。《边城》里皮肤黝黑、五官精致的小翠正是以张之相貌为原型。而从《从文家书》《三三》中亦可一窥沈之深情……民国之文人逸事、诗情文章种种，是一个说不完的话题。

临窗而坐，书写这份雨天的清冷。一抬头，夜幕笼罩下来，远处人家灯火明灭，夜踮起脚尖悄然而至。一低头，字迹潦草，如此时心境。也许每个人心中都有一个江南情结，那是安放灵魂的地方。江南，那从诗意宋朝便开始埋下的伏笔，蛰伏千年的灵气与文化底蕴是你最大的魅力。来到这里，不为解结，只为在憧憬梦想之外，真切感受这座城市的一草一木、一烟雨一楼阁。让纷乱思绪、陈杂心情在静谧烟雨中静静舒缓，如蜷缩的西湖龙井在杯中尽情舒展叶身，只待茶香四溢，便可细细品味。旅行的意义，不是诗意地放逐自我，追寻人生真谛；亦不是年轻气盛，来一场说走就走的不羁肆意。只是在心灵疲惫之时，去见一见他山之石，莫让自身视野局限于一隅；只是在理想与现实之间不断进行的角力，让自己不流俗、不耽溺，找到适合的位置；只是在天地俯仰之间，去面对浩瀚人生与蜉蝣小我后，仍能坚持自己的追求；只是在风景变幻中，学会与自我相处，学会享受独处的安然。

路过杭州烟雨，那前缘今世，慢慢领悟往事如烟。那平湖秋月、亭台楼阁、古巷、青石板，我静静去凝望、去触摸、去感受，去邂逅一段老时光。且将满怀心事托付给朦胧烟雨笼罩的江南，待氤氲出几分平静柔情，伴我闲看风雨人生。重温如孩童般简单的心事，如赤子之心的纯粹热忱。过往经历恰似蚌病成珠，只待经年几许，再打开心事，看流年似水。

空城记：芜湖

文/栀紫

半城山半城水，山山水水长相随。

七月，没有空调的绿皮火车，陈旧的风扇无济于事地吹着，还好窗户微开，能钻进闷热的风，溽热的汗味儿与不耐烦的喘息交织在一起，空气都是昏昏欲睡的。只是从见到长江的那一刻起，心情好像也随火车颠簸在铁轨之上。因为我知道这一段江面，是芜湖境内的长江。

芜湖站。

“旅客”用不解的眼神看我给站台拍照。我没法说：我开心笑的样子让旁边的人以为我是要回家。

初到芜湖，只觉一切都是好的。至今仍是这样。留意听周围人说话，当听到zi、ci、si和zhi、chi、shi不分的时候会偷偷地笑。借口与人们谈话，只是为了听他们说话而已。过去一直期待这样的场景：走在街上，一旁是刷满了动漫的墙体广告，我被来来往往的说着温润柔和的芜地方言的人所包围，顿觉安详与踏实。我曾那样期待能听见像你那样的口音，寄托关于你的情怀。他们……

的确是南方的腔调，却又与你不同。至此我才晓得，终究你是独一无二的，不可于他人身上因相似而寄以情怀。

一个人走走停停。注视着我所能看见的一切，生怕因粗略而错过。随便搭上一辆公交车，兜兜转转，路遇方特乐园和动漫图案的墙体广告，满心欢喜。拿着地图穿行鸠兹广场和步行街。1912年孙中山先生到此发表禁烟演说，方得名中山路步行街。只是历史归历史，波谲的风华绝代都已过去。现在是另一种模样的“楼台森列，烟火万家”。

如我所想，你确实是南陵的。此番过后，必又更生无限情愫。我欣喜于唯独你一人知道我还会有下一站；喜欢你称我“独行侠”；为你还记得我心爱的吉他而感动。我留恋那样的时刻，却又极度害怕：不晓得哪一天，它就不见了。

所以你没有任何回音的时候我真是难过极了。

这是我在芜湖度过的第一个夜。江城安分静谧，没有城市的灯光，但我很爱这个时刻，好像我心里有光。

若是逗留江城，长江必是要去的地方。长江中下游自东向西的方向在芜湖这里拐了个弯儿往北面的南京流去，好像要帮金陵更添一点风韵。变化的不只是常说的南北岸在这里变成东西岸，更有地转偏向力，流水侵蚀与堆积等一系列概念。抱歉，我又提到地理了。从前经过铜陵长江大桥时感慨它的小家子气，极窄的江面，并无长江之一二分浩韵，混浊而滞缓，好没意思。也更是没有一点儿长江大桥的气势。父亲说过，长江在安徽段就是在芜湖才变得很宽，一眼望去看不到边。那时过江的汽车还要用船来运。

心有所待，这也大概就是在看见长江后如此欢喜的原因了。

午后两点多，最热的时候冒死一样来到江边晒太阳。滨江码头。从头慢慢走到尾。江边没有什么风，掀不起混浊的长江水。鲜有波澜甚至没有起伏的江面有来往渡轮，不算繁忙，也不显空荡。跑下去玩水，被迎头打来的浪溅了一身。有首歌这样唱着芜湖：半城山半城水，山山水水长相随。柔情豪情都是你给，远方的我为你永远心醉。一座城市，凭借什么能让远方的人为它心醉呢？

一年后，我又时常想起那次旅行，不觉许多画面一闪而过，所有的都变得温情而忧郁，伤感却美好。想起这一段旅途，一次短途，中有点滴，我忆起来，仍觉黯然不神伤，唯挂念颇多，尤为怀念滨江码头，那次漫长行走，好像走了一生。从炎热走到傍晚，路的尽头偶遇教堂，回归平静。重温那个七月留下的文字，仿佛沾有盛夏的溽热气息尚未挥发。那次一个人的旅行，美到极致，这感觉与记忆终究是没法和别人分享的，也许此生都不会再拥有。那是我这一生可遇不可求的光阴。

旧的海关大楼略有殖民主义的色彩，红砖圆顶，有遗弃的孤立之美。它静静伫立于长江边，随江水一起流淌掉一座开埠通商时代米市的繁荣与兴衰起伏的动荡。抬眼间意外遇见教堂。高高在上的白色圣像让炎热和微倦全部散去。红色的十字架低垂，雕花的白色栏杆点缀于窗户之间。这座以圣像为中心对称的天主教堂掩映在蓊蓊树木之间，添了幽静。只可惜的是铁门紧闭，没法进去。墙上是“蕪湖天主教堂彌撒時間”的牌子。

在去凤凰美食城的路上，遇见两家琴行，一家专教钢琴，一家专营吉他。装着买琴的样子和店员寒暄很久，问完了所有的民谣吉他之后离开，留下一脸不知所措的她们面面相觑。

是的，我那样地留意这座城市有音乐的地方，因为我爱你因弹琴而起茧的手，我们契合地爱着吉他，所以我怎能不期望与你在有香樟树的安静路旁走进某家安静的琴行，一起弹一弹墙上的民谣吉他。那么关于芜湖我做过的美好的事情就是感知四季和遇见你。

在江城停了一日后去往南陵。想起刚下火车时给你发短信问你我应该去哪儿，很久之后你才回我消息。自我知道你的家乡后，加之想念故人，极早便去了南陵。窗外是昏昏欲睡的熹微清晨，错过路上风景后醒来已在车站。四下逡巡，稀里糊涂地走过了春谷、大阪城、动漫城、籍山大道……去丫山的路颠簸极了，司机开车就像喝醉了在开跑跑卡丁车，且毫不避让来往卡车，一路上心惊胆战得很。

珠帘瀑布前坐了很久，开始质疑这次出来的目的和意义。有人不解我为什么要在你走了之后才到你的城市，而不是来找你。我说不敢。明明是因为想逃避的，不知道该如何面对你，我能想到的尽是尴尬，索性不见。珠帘瀑布，它让我想起呼伦湖，我曾想七月能到那儿去，就坐在它面前整整一天好了，我想发一天的呆。于是坐在瀑布前很久，想要坐到太阳落山。遇到一行三人，想来算是上天眷顾，才会有那样的好运。把我捎上山，买4块钱一瓶的农夫山泉，捎我回南陵，带我吃晚饭，一起去唱K，邀请我玩漂流，准备带我一起回芜湖，准备借钱给我怕我路上不够。聊去过的地方，聊各自，聊酒量，聊汽车，聊新概念，提醒我以后不要轻信别人……他们为我做了很多，相反，我却什么也没有为他们付出，除了一大把的不实用的感激之外。

面对一个人的旅行中遇到的善人与善事，除了诚惶诚恐说谢谢之外，铭记那样的感动于心不可免，更重要的是，将此番已不多见的爱传递下去。

故人仍旧如当年的美丽，我笑她在南陵话和普通话之间转圈儿。我说希望她能一直用南陵话和我说话，我会很开心。向她请教“甘蔗”的读法，明白你的老家应该还不是南陵，但是再具体的暂时就没法儿知道了。吃了一顿长长的午饭，说了很多久远的人和事。已是七年之前的过往，且仅仅只有一年的停留，好在我尚能记起很多。故人旧友是心里最柔软的地方，轻易触碰不得。

夏天属于晚睡和失眠。胡思乱想了很多不着边际的东西，醒后记不起来了，只有感觉记住了，挥之不去，难过至极。那个下午从南陵回了芜湖。在困乏中看着《赎罪》，一觉醒来已过零点，晚饭还没来得及吃。天亮以后便要离开，想来我在芜湖已经待了五天。还是舍不得。

就要离开这座城市。爱得想哭。一座城，真的是因为一个人而美丽的。在瀑布前如同一梦猝醒时的沉重感让我有些撑不住，我在你的家乡，可是抵不住你离我几十万米远。

临走前觉得这其实是一座空城。

等到天明。眼看着这座我说很喜欢的城市从沉睡中渐渐醒来，渐渐热闹，渐渐躁动，渐渐不安分。不发一言地收拾行李，最后一次坐上公交车，掀开窗帘，外面是入伏第一天的酷热，让人心生逃离的炎热。汽车甩过有梧桐的路面，连同那些路牌、江水、渡船、游轮、方言、风、阳光好像都甩开了去。

这个城市风光无限，美丽如旧，可是我待的时间越长就越有空虚之感。果然是因为你不在吗？来往的人们忙着手中的事儿，热闹极了。直到临别才恍然觉得这座城市空空荡荡，只在我心里嗡嗡作响。我这一路走来，真的只是我一个人，从形上心上。我用眼睛看见的一切，用笔记录的一切，到此时开始被我极度怀疑。它存在过吗？它真的那么美丽吗？它在哪儿呢？我来到了哪儿？我有来过吗？你又在哪儿？

所以以后再不要做这样的事，那些因为一个人才美丽的城市，若是他不在，就不要兴冲冲去了吧。走完那座城市你才能知道，你所走过的每一步，所遁迹的每一处，终究说来都还是不存在的，这只是一座空城——空空荡荡的。

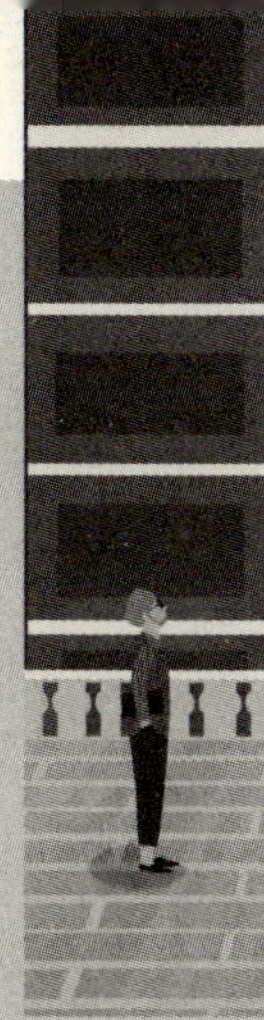

兼春远

旅 行 的 恐 慌

文/周苏婕

旅行之所以充满诱惑性，是因为不知道前方会发生什么。

我迟迟无法下笔去写一篇关于台湾的游记。一想到自己的文字会和众多指南大同小异，我就感到无限恐慌。

做交换生的半年里，我们每到周末便会旅行，在那之前自然要做功课。翻看风靡的旅行攻略，哪些是别人赞叹的正宗美食，如何找到别人发现的盛世美景，常常发出“天哪，我也要和他们一样”的感慨。当然，“一样”究竟是指吃一样的食物、看一样的美景，还是写一样的攻略让人们来点赞，这都有可能，我并不否认自己浮夸但真实的人性。实际上只要打开微信，便能发现朋友们的脚步早已遍布世界，他们把我所有想去的地方都玩了个透。

然而总是在看完攻略或刷完朋友圈后，我发现自己一下子失去了出发的欲望。关于旅行过程的激情澎湃，已经在想象中基本耗尽。更糟糕的是，如果真正去了那些推荐的地方，大多数时候都难以和原作者产生相同的共鸣，表面上兴高采烈，心里却想着不过如此。咀嚼别人嘴里的东西，只觉索然无味。

旅行之所以充满诱惑性，是因为不知道前方会发生什么。这打破了日常生活的惯性，而喜新厌旧是人们的天性。更重要的是，旅行一定是私密的经历。当踏入丛林沼泽，当身处街头巷尾，当刺激感官神经，那些角落的事物会挣扎而出，向你涌来，连同往日的记忆和当天的情绪，所有东西都混杂在一起，形成极为个人化的经历。

就好像我们常常通过一首歌，找回某一件远去的事情。就好像我用《潘神的迷宫》和《太阳照常升起》来形容阿里山，用王若琳来代表台北。

在很多人看来，旅行是躲避自我的最好方式，用新奇事物来麻痹通感，逃离现实。但对我而言却恰恰相反，旅行意味着两件事——感受，还有认识自我。

游历了台湾这么多地方，让我印象最深刻的是阿里山和绿岛。无法形容阿里山美到极致的日出，而对于小火车，想到的除了人多，便是还未见到就能虚构的冒险故事。我说不出阿里山的森林和我曾去过的好多森林有何不同，但只有阿里山让我脑海里出现了奥菲利亚和潘神，闪烁的树叶、颤抖的阳光、残忍的童话，一切都那样动人。我甚至当天回家就手画了电影主题曲的五线谱。有些事情做起来好像没什么意义，很不实用，但人往往愿意为一种纯粹的审美和情怀奋不顾身。而关于《太阳照常升起》，可以认为是久石让的歌曲，也可以看作是姜文的电影，两者是一样的。想要体验这种奇幻的空灵感，要么去一次阿里山，要么看看电影听听歌。当然这些只是我的个人体验。

有意义的旅行应该给人意想不到的惊讶，这惊讶包括欢乐，也包括痛苦和恐惧。我们是在冬天去绿岛的，照例说这是海滩的萧条季，岛上的商铺大多关门休业，但太多朋友推荐，不去实在心有不甘。对于这个火山岛，晕船、绿岛监狱、朝日温泉、绿岛小夜曲，都是不错的体验。不过，最不能忘记的却是夜车环岛。那天我们四个人很狼狈地抵达民宿，解决完一顿难吃的晚饭，决定骑着车到处晃。岛上不过一条大路，也不知道通哪里，总之一人一辆车，就这么朝前开。民宿和餐厅集聚的那段是有路灯的，过了港口，基本上漆黑一片。一面是山，一面是咆哮的大海，还会时不时来一场暴雨。虽然有人陪伴着，但前后还是隔了很远的距离，只能远远地看到同伴的车灯。

那个时候啊，就能听到海浪声和自己的呼吸，黑暗无穷无尽。经过一个山洞时，未知的恐惧感生生地涌上心头，扼住喉头。我苦笑着，只怕死在这儿都不会有人发现吧。这画面终究是有着落的。以前落入人生的绝望境地时，总是虚构这样一幅在黑暗中无力和孤独的画面，如今抽象和具体打了个照面，让人猛然一颤。

我的交换学校在台北，所以大多数深刻的感受仍然停留在这个最繁华的地方。当然，最繁华也意味着最落寞，充满极致的地方也会充满雄心壮志，城市将用成千上万种方式表达自我。

我想了一下在台北的日常生活。周末固定旅行，周四周五晚上通常看话剧，上社会学的时候看小说，周一旁听中文系的戏剧课。早晨总是买一家店的饭团和清浆，那是在尝试数家之后挑中的。在7-11便利店形成强迫症，不看三明治的大卡数就无法选择，而往往一出门，就买了一杯热量很高的珍珠奶茶。业余时间坐着捷运到处晃。如果心情好就顺带把作业一写，如果有力气就去健身房，同时摸着线条消失的腹部呵呵一笑。要是灵感来了，什么都可以不要，只是一心一意地写文章。

交换学校是文山区的政大，处于偏远地带，靠近猫空，每次进城要坐文湖线捷运。其中有很长一段是在地面上，轨道穿过大大小小的建筑物，往往一转头，就看到别人家的阳台，或者运动中心的跑步机。有时站在第一节车厢，听着轰隆声，好像乘风破浪。有时坐在最后一节车厢，看着站台逐渐远去，享受离别的痛苦。常常傍晚出城，洒进来的夕阳很普通。而回校的路上万家灯火，街道的喧闹声摇摇晃晃。无聊时，就去看阳台和阳台的差别，根据主人今天晒的衣服判断昨天的活动。可能也会听个音乐，看会儿书，路有点长，但一晃眼却又到站了。

坐捷运出城是为了看、感受，还有认识自我。

101摩天大楼是铁打的招牌，信义区是富人的跑马场，北投提供寻欢作乐的温泉，阳明山的景观餐厅极富巴厘岛风情。上一秒在忠孝东路逛奢侈品店，下一秒走进林森北路的特色酒店。每到周末，艺人在街头卖唱，五名身高一米九的模特走出W Hotel，香水和酒精浸泡夜店，随处可见的跑车呼啸而过，捡尸行动时刻上演。与此同时，龙山寺外游民在领取免费便当，艋舺女郎在街角等客，掉在路上的烟头很快被捡走，流浪汉在广场上各占地盘。十条街内便找到新的夜市，观光客从街头挤到巷尾。艺术家在牯岭街小剧场门口抽烟，公交司机下车为一个残疾人开门，槟榔妹在落地玻璃窗后跷着二郎腿，嗜酒的原住民表达欲望依旧旺盛。

台北是一个气味过于浓烈的地方，它满足了我对无数可能性的强烈欲望。走下捷运的时候，会有一阵风吹过。那种时候，我总这么想：哦！我把几辈子的爱都用完了。

生活应当跳跃，兴奋不已。而所谓的旅行，并非逃避自我，恰恰是发现自我。常常走到一个地方，换了一个人对话，我就不由得惊叹：天哪！我也会害羞！我也这么豪放！占了便宜的我，吃了亏的我，每天都期待惊喜和不期而遇的我，常常失控的我。你看，一个人居然能活出几个人的人生。另外，换一个角度想问题，怎么样都能活得很好。愚蠢地搭错车，却发现新的风景。尝试的新食物很糟糕，却认识了有意思的店员。原来过去所喜欢的、所依赖的东西都可以不要、不在乎，原来我可以这么想。

当然，台北最吸引我的依然是艺术，半年内我看了二十八场舞台剧。如果要用一句话总结魅力所在，那就是：在这里，少有阔佬冲着画家的名声去买画，因为人们真的在乎画究竟好不好。

在诚品书店，我无意间看到伊丽莎白·贝克的《旅行的意义》，作为《华盛顿邮报》和《纽约时报》的特派员，这个记者让我感到可怕的渺小。书的介绍有这么几句：

> 观光对国家究竟是毒药还是灵药？
>
> 世界遗产吴哥窟因周围旅馆超量抽地下水，造成地层日渐下陷，千年古迹正缓缓崩解。当地政府为了观光开发强制征地，驱逐住民，但获利的钱财却是进了谁的口袋？
>
> 波斯湾畔的迪拜金碧辉煌，但打造这座拔地而起的梦幻之城的，竟是生活悲惨的南亚奴工；而从荒芜之城变身大型购物中心的迪拜在赢得举世注目之后，又失去了什么？
>
> 犀牛定价一万美金，大象六万，面临严重盗猎问题的非洲冈比亚国家公园，何以逻辑吊诡地开放游客付费猎杀动物，以求动物保育？
>
> ……

旅行对于每个人的意义自然不同，但我很害怕自己的旅行仅仅是食物、景点、拍照。当思考力和审美水平未达到一定的程度时，说走就走的旅行更让人空虚。同样一个地方，有人看到天堂，有人看到地狱，当然也有人看到人间。

最后我想用出版人亨利·卢斯为美国图片杂志*LIFE*所写的企划书作为结尾，其中的一段我看了又看，不断被深深触动：

> 去看生活；去看世界；去目睹伟大的事件；去看穷困者的脸、骄傲者的姿势；去看奇异之物——机械、武器、芸芸众生、丛林里或者

月亮上的暗影；去看人类的杰作——绘画、建筑、发现；去看千里之外的世界、隐匿于高墙和房间之内的事物，无惧险境、勇往直前；去看被男人们爱的女人和孩子；去看，并享受；去看，被震撼；去看，被塑造。

巴 塞 罗 那

文/孟祥磊

我最想要的事情依然是纵情与沉沦。

巴塞罗那，我的城

初次听闻巴塞罗那是在小学的语文课本里，一篇关于1992年的奥林匹克运动会的文章。那样的年纪都想为自己的出生年份增加些不同的意义，想来年幼时就虚荣得很，固执地觉得自己出生在了一个伟大的年份，而万众瞩目的奥运之城巴塞罗那，就成为想象中一道辉煌的光亮。

人生艰难地过了22年之后，怀着并不轻松的心情，我终于抵达了这座城池。再回头时，很难评价这样的一次匆忙短行。圣家族大教堂前的惊叹，地中海岸的闲适，思念无果的焦灼，醉饮之后的亢奋，午夜旺盛的情欲，说这是一趟美妙绝伦的旅程不合适，把它归为失望的旅行亦是一样。没有期待中饱胀的满足感，欢欣的时候总是夹杂着丝缕内在的失望。城市毕竟是城市，人类依然还是我熟悉的人类。

我不是陶潜，巴塞罗那也不足以支撑一篇《桃花源记》。

爱上巴塞罗那的理由有千百万种，而且都是极为轻易的那种。他健美英俊，倜傥风流，而且总有阳光。的士司机闲聊的时候一直给我强调的一点，巴塞罗那总是阳光明媚，从来都不会有寒冷的冬天。

听说我从德国来，他不停地摇头，哦，那是个太冷的地方。

除去气候性的因素，国家性格走五十米就迥然分明。巴塞罗那的街头，有人的地方就会有酒吧，有酒吧的地方就会有足球。人们真正的一天从下午开始，入夜才渐进高潮。巴塞罗那的老城靠近午夜时分人潮涌动，如同白夜，各种颜色皮肤的人种，不同性取向的年轻人中年人老年人，高低胖瘦，成群或者如我般独身一人，在数不清的街道里面，人们手里端着酒杯，口里叼着卷烟，西班牙的音乐喷泉，弗拉明戈的舞步，班卓琴的悠扬自由，纷纷洒洒在滚滚红尘的世间。

我跌跌撞撞地闯入巴塞罗那的夜色里，在叫不上来名字的老城区的小广场上，吃一道不知道名字的主餐，酒过三巡，好像什么都可以忘记了。午夜的巴塞罗那，我在世界的中心，看见的光亮像正午一般明亮。难以想象巴塞罗那这样的城市离开了香烟、酒，没有了情欲会是什么样子，大概就不是巴塞罗那，不是西班牙了。这样的城市不适合谈论爱情，情欲就在空气之中，如果可以，在岁月的怀抱之中，我最想要的事情依然是纵情与沉沦。

搭着杜塞尔多夫夜航的飞机直飞欧洲的南端，碰到了在欧洲期间并不常见的航班晚点，到达巴塞罗那的时候已经接近午夜时分，Airbnb上找的Host，从居所到圣家族大教堂只有不到十分钟的脚程。下飞机后有些焦虑Host会不会已经睡着了，匆匆打过去电话才明白我的担心有些多余。“No worries，it’s fine time for us.”对于地道的巴萨人来说，这也许才是一天中最好的时光。这个城市的任何角落，随处可见大大小小的酒吧，电视里永远都是足球，天生颜值就高的西班牙男人们相对于法国男人更精致，在酒吧昏暗的光线里，一举一动都像是轻佻的调情。

到德国之后造访的第一座境外城市，毫无疑问是带着生理性冲动的。自己的性格本来阴沉，不适于伦敦这样潮湿的城市，对于基因里就有着阳光与热情的西班牙便有了一份近乎执念的想象。比利牛斯山将西班牙、葡萄牙紧紧地焊接在欧陆上，接下来是地中海，希腊、意大利、爱琴海一个个地理课堂上的名字以强烈的画面感冲击着脑海，直布罗陀海峡以南，就是非洲了。这样围绕着地中海的文明，仿佛是把整个欧洲的阳光都盗取了过来，相对于冰天雪地里的北欧神话，这个地带里的一切传说也都带着人间的烟火味。古希腊传说里的热烈只消举几个妇孺皆知的例子，特洛伊的木马屠城，西西弗斯的神话；意大利贡献了伽利略和几个世纪的文艺复兴；到了西班牙，就是唐·吉诃德、哥伦布还有高迪了。

新和旧，传统与现代，这样几个对立的词实际上远非词典里界定的那样清晰，它们暧昧不清，新的破坏着旧的生命脉络，同时也把旧元素流入了自己的血脉，融进了DNA，撇不干净。唐·吉诃德是陈腐的旧还是开拓的新？高迪的建筑是传统还是现代？这样的问题本身就不存在答案，巴塞罗那的迷人之处或许就在于此。

由西班牙王室开启的大航海时代，拓展了整个世界的维度，新大陆发现了，日不落帝国诞生了，我们观念里的世界，才打破了天圆地方的想象，由此才有了七大陆四大洋的形态。在哥伦布纪念塔下的时候，想着这个莽撞的年轻人，硬生生地把这个世界撞开了一个口子，无论黄金的诱惑是多么迷人，无论他的性格多么恶劣，我也相信他的心里有汪洋，有风浪，他是天生的冒险家。

住处是巴塞罗那的扩建区，虽说是新城，但相对于国内机场加大学加新城的模式，这个扩建区相当于还在北京的二环内，从新城走到老城，Google地图上显示的结果也不过一个多小时。在欧洲第一次用Airbnb，住处是一间复式公寓，并不是很大的房子，但是带着一个小阳台，可以放一把躺椅，周围有许多花花草草的盆栽，早上就会有阳光照进来，对面就是一个小小的公园，绿地、池塘以及笨鸽子，整个人也不自觉地松弛了下来。

整个行程也变得从容起来。八点多起床洗漱的时候Host跟他太太都还在睡梦中，出门走路十分钟多一点，穿过巴塞罗那的起伏——作为丘陵城市的巴塞罗那，城市里的道路起起伏伏也是让我很喜欢的一点——就到了圣家族教堂，从第一次听说到亲临门下，这一段路用了九年。绕着大教堂一周激动地拍照之后，才发现买票的队伍已经绕了两三百米，而这只是一个再寻常不过的周末。

限流的原因，即使买到票进场也已经排到了下午一点半。以圣家族大教堂为中心向四周放射，排布着许多周边纪念品店，也有许多画家在这里写生卖画。当然，也少不了各地旅行团，其中的华人之多确实让人惊讶。巴塞罗那大概是我见到国人最多的欧洲城市，景点不必说，挑明信片的时候走进了一家门店，店主是温州人；午餐的时候走进一家当地的快餐店，老板娘是中国人，菜单免去，直接给我炒饭，免去了我吃薯条到吐的痛苦；搭地铁的时候，左边一节车厢的姑娘大概在电话里跟闺密讨论着老公的种种不是，右边车厢是一个带着方言在教训小孩的妈妈，而遇到这些人，统统发生在我买票到参观圣家族大教堂之间的两小时内。

也由此听说了许多关于华人在西班牙的传说，相较于其他国家，西班牙整体移民环境比较宽松，不少在这边的华人都是一个村庄一个村庄地转移，一个男人把全家的女人都以结婚的方法移民到这片土地，这样的上个世纪的传说也难辨真假。现在依然有国王的西班牙王国依然保留着大赦制度，会给非法移民颁布新的绿卡。现在新国王登基的时候就曾经大赦，听同行的大哥讲，全欧洲的华人那个时候都跑到了西班牙。

这两个小时原本打算到海港去，大致看了下线路决定一路向南，撇开旅游专线的地铁显得很是空荡，每一节车厢也就两三个人的样子，像是进了一个隔绝的世界，整个城市就此沉默了下来。这样的片刻在匆乱了许久的生活里显得珍贵起来，尽管是再普通不过的场景，却感觉可以脱离掉21世纪，不用被社交网络束缚住的世纪，我想回到1973年，我想到23世纪，我想去火星。

不懂西班牙语还坐过了站。那是某处的换乘车站，有着极为复杂的电梯系统，在地铁站里看线路图的时候，一对胖乎乎的大叔大妈还在热情地给我指路，当然，他们并不会英语，但是根据指指点点的意思应该是周围有游人常去的旅游景点。道谢之后还是满头雾水，随便找了出口出去，是一处街心的小广场，有家长在围观一场小学生们的篮球比赛，不时发出一阵高呼声。对于本地人来说，不过是一个寡淡的秋日周末，天气不佳甚至有些兴味索然。树下的横椅上零零散散地歇着一些老人，却让整个环境显得更加空旷。

在寻常的街头远离了景点的诱惑之后，就会飘来许多想象，转角遇到爱、咖啡馆的邂逅、一杯酒的情缘，好像只有在像巴塞罗那的城里才会发生这样的故事。对于我们这一代，西班牙内战的巨大阴影已经过去，不适于谈论政治。无论是《西班牙公寓》还是《午夜巴塞罗那》，这座城市都显得格外明亮，适合生活的降临。我在街头游荡的时候，固然没有发生这样绮丽的故事，但是并不妨碍简单的相遇发生：在夜晚的老城里，在雨中的La Rambla。

11月底的巴萨老城并不是特别寒冷，我在老城的夜色里逐渐迷失了方向，曲折的小径通往不同的世界，教堂、居民区、市政厅，在一条没有人的小路尽头就忽然发现了人声沸腾的小广场。有些冷雨，但并不妨碍人们在户外就餐，让笑声盖过了卖艺的吉他弦音，让酒杯碰出清脆的声响。在我考虑究竟要不要请那位会说中文的waitress喝一杯的时候，皮条客就这么来到了我的身边。“Can you speak Spanish? ” “Can you speak French?”商务拓展遇到语言障碍尤为令人着急，而在巴塞罗那的音乐声和风里，心情意外明亮的我并没有意愿去收获新技能，所谓的拒绝到了嘴边也只是一句“Not today”。

西班牙女郎从发音上就能给人以愉悦感，这个国度的名字自带属性，可以作为形容词。行走在路上，风景固然美丽，最重要的依然是路上遇到的人和事。晚餐时的waitress意外地在中国待过一段时间，原有的热情加上炫耀汉语的骄傲，夜色里显得有一些分外的活泼。她用并不熟练的汉语给我推荐一道主菜，让我看她使用着的在中国买的华为手机，期待着下一次再去中国。在陌生的环境中，这样无聊的对谈似乎也变得有了某种意义，有了难以消耗的耐心以及不费力气的宽容。

海港、老城、La Rambla，我是离开之后才知道了它们的名字，原本只是不带计划地徒步漫游，但是值得一去的地方都在这种无目的之中渐渐呈现。除了靠近老城的地铁站就是海港，我沿着海边在棕榈大道上向前，可以碰到本地人在慢慢地跑步，可以碰到和我一样的游人，他们从事着各种各样的职业，摄影师、艺术家、记者、美食家，也许都还有一些阴暗的癖好，当我不再需要处理琐碎但是磨人心力的工作之后，自由的想象就跟着海风飘远了。

可以随时停下来听路边的艺人弹奏着无名的曲子，也可以花上半个小时的时间只看街头的画家临摹，那些装扮成铜人、雕塑怪兽的卖艺人也在哥伦布纪念广场到La Rambla之间的路上排成了一排，老街的某条巷子里所有的人都在敲击家里的锅碗瓢盆，不肯停歇，小酒吧、小剧院、小影院照样聚集了来自世界各地的许多人，即使是午夜的街道上依然是喧腾的景象，约会的人才刚出来，有的人已经在地铁站的路口相拥道别，老婆婆抱着自己的猫在午夜的街头并不言语。有一条街上所有的门前都点了蜡烛，在老城的每一个角落都可以听得到教堂的钟声。

Cigarette and alcohol。让人愉悦的事物也总是容易让人沉溺。也就是在心情恰到好处的时候明白了烟酒的另一种乐趣，并不是为了消除苦闷，而是为了锦上添花，让一个人沉默的旅行多了那么一丝生气，才像是在人间。而无论烟酒，本身都可以作为搭讪的道具。微雨，在La Rambla两边的小巷里驻足，同样在闲逛的孤身旅人借我一支烟的缘由，给了一个攀谈的借口。小哥是地道的西班牙人，比我略大两岁，萍水相逢的言谈固然没有深度，无非是哪里来到哪里去，为什么来巴塞罗那，喜不喜欢这座城。一支烟熄了，微笑，各自行走。我们的一生遇见多少人，多少人的相逢与离去也不过如此。

老城里阡陌纵横，小径分岔，分不清自己从哪个方向来，要走哪条路，都相似，又都不同。这些小路又有时候会合成街心的一片小广场。认识Celina就是在街心的小艺术市集上。她是巴塞罗那艺术学院的研究生，长相很是普通，对于柏林有着偏执的喜欢。并不是传说中艺术系的美女，但是并不妨碍她有着艺术家那种刚烈的叛逆。忘了什么原因，跟她在街头聊了很久，从喜欢的艺术家，到西班牙的禁书，再到当天西班牙某地在进行的独立公投。在新闻联播里极少得到关注的西班牙，在我的脑海里也只是一个旅行的目的地，而对于Celina这样的西班牙人来说，这个国度既是禁锢她生活的枷锁，也是她的根基、她的依靠、她的现在和未来。

人是浪漫得起的。跟Celina也会聊到工作这样的话题，对于艺术这条路，她依然充满了惶恐与希望，在绝望与乐观之间摇摆，当时就想拿木心的这句话送给她——艺术是要有所牺牲的，生活、事业双丰收，人生没有那样便宜的事情。想着Patti Smith的二十年岁月，一分一秒的潦倒与无助，坚持跟挣扎是一个意思。而即使是尼采一样的斗士，也往往是置之死地而后生，超人的诞生是建立在人性已死的基石上的。这种无力感在我们的身上已经存在了太久远的时间，工业革命以来我们不过是重复着支离破碎的进程。

一天行走的高潮是在穿过哥伦布纪念广场，抵达海边的时候，还没来得及去看千帆相竞的场面，我却邂逅了一场突如其来的求婚。只是一对普通的年轻情侣，在看脸的世界里来说颜值并不算高，趁着女孩转身看海的时候，男孩忽然下跪，掏出或许已经藏了很久的戒指。她惊讶，点头，哭泣，然后他们欢笑相拥。“假如他日相逢，我将何以贺你，以眼泪，以沉默”，想起拜伦的诗，我们是如此纠结地爱着这个多病的人间。

限于见识的原因，圣保罗医院原来并不在观光的行程之内，只是打算徒步前往老城的时候在路上遇到了它。用脚步去感受城市，这样的经验比一个点到一个点的观望来说更能窥探到城市的全貌，只要不再执着于“到此一游”的心情。圣保罗医院与圣家族大教堂的距离并不远，在一条直线上，走路不过几分钟的距离。同样作为世界文化遗产，门前的景致却大不一样。经过圣保罗医院门口的时间大概是差十分钟九点的样子，我是当天的第一个游客，尽管工作人员都已经就位，我还是需要等到九点整才能进入。

从正门来看的话是想不到圣保罗医院是有如此大的规模的，只当是独栋建筑的规模，穿过大门才发现是大大的庭院，橘黄色的欧式建筑分布开来，层层叠叠，像是小小的童话镇。根据官方的景点介绍，医院是按照一般城镇的概念设计的，是“城中之城”。高迪、毕加索、哥伦布这样的名字排在前头，让在这座城市里步履匆匆的游人很难来观看一间医院，偌大的院子里我逛来逛去，一个多小时的时间里也只遇到了一只手就能数过来的游客。

圣保罗医院的设计出自于现代主义建筑师蒙塔内尔的手笔，同圣家族大教堂一样是世界文化遗产。这座直到2009年还在使用的医院，是世界上第二古老的医院，大量珍贵的医学档案收藏于此，称之为医学史上的圣地也不为过。整座建筑群复杂的雕塑，众多的基督元素，鲜亮多变的色彩元素，都让这个建筑群与医院的印象格格不入。据说这样的设计是为了让病人保持舒畅的心情，更好地恢复健康。

作为外来者对于这座城市只有一些童年的想象和作家笔下字里行间的城市印象。在这个充满哥特建筑、吸血鬼传说、女巫的国度里，审美其实容易产生疲劳，以为圣家族大教堂就是最伟大的建筑了，回首再看，各有各的特点，各有各的风格。圣保罗医院于我的价值恰恰在于此，陌生土地上惊喜地不期而遇。

最后的最后，我们来谈一谈高迪。高迪是这次旅程的开始和结束，行程之始只是为了亲眼看一看圣家族大教堂的壮丽，行程的最后也在巴特罗公寓画上句点，因为贪恋时间还差点儿误了返程的航班。

主塔高达170米，如果不是21世纪的现在，这座建筑一定能让巴塞罗那各个角落的人都可以看到。它矗立在几条主路的交叉处，以傲然的姿态让游人瞻仰。它有多少种面貌，看看在它周围临摹的艺术家们吧，晴天雨里，昼夜晨昏，换一个角度，又是另外一种美。即使并不是基督徒，也能在初见它的一瞬间，感受到上帝与信仰的荣耀。

在圣家族大教堂里的那一个下午，脑海里盘旋的词语只剩下“不朽”，这无关乎教堂的高大、富丽与堂皇，不在于它复杂的曲线与设计。打动我的，也许是圣家族大教堂、高迪、上帝的力量，或许我们对于强大与力量有着本能的需求，是求生欲的进化态。一个伟大的建筑师把自己一生的巅峰献给了这座教堂，这座教堂还没建成就已经列入了世界文化遗产以及宗堂圣殿，它像是圣经中的应许之地，有着最根本的祝福，却也多难。这座建造了一个多世纪的教堂依然未完成，它经历了世界大战，又再一次重生。一座建筑的生命尚能如此丰盛厚重，而人何以堪？

米拉之家因为限流的原因错过，倒是留给了巴特罗公寓更多的逗留时间，在抵达巴特罗公寓的路上，游人们已经抬起镜头的枪眼瞄准了它。在一排建筑中，巴特罗公寓龙鳞一样的外观让人一眼就可以发现高迪的手笔。外表看来并不大的公寓，实际上在其中逗留了将近四个小时，超乎了规划的时间。

这样的公寓也适合建造于巴塞罗那这座城市，释放了想象，解除了禁锢，建筑可以像是流动的音符，线条色彩可以这样的丰富，它是流动的建筑，像是宫崎骏笔下的哈尔的移动城堡，装载的除了建筑之外，是一个在建筑师内心生长着的童话。从巴特罗公寓的底层走到天台的小花园，像是一次爱丽丝的漫游奇境，仿佛自己也可以变成透明的、流动的，成为这座公寓的一部分。人类的天才，像是我返程时巴塞罗那的夜空，群星闪耀。

而高迪，将和巴塞罗那这座城市的名字一起长存。

烟火迟

钟声又鸣响了……一声又一声，静谧而安详，即使在女人做新娘的那个好月份里，钟声里也总带有秋天的味道。

——威廉·福克纳

旧　街

文/陆俊文

旧街对奶奶而言总好像是一个暂居地，是年轻时候一场惊险刺激的私奔、冒险。

旧街是整个县城最老的一条街，我就住在旧街上。旧街其实还有其他的名字，可人们从来都只管它叫旧街，这是约定俗成，也是习以为常的。旧街在城北，它一直从这个县城的中心延伸到北部的边缘。城北在我所有印象中是个诡异的地方，苏童就写过《城北地带》，可他的城北有香椿街，我的城北虽然也有个旧街，但总归没有个响亮好听的名字。

旧街其实不旧，那里有些岭南的老骑楼，但早已被两边新筑的高楼挤得毫不起眼。人们走过来，只会看到有新式的落地窗户，哪里会注意到在夹缝中还有一个小阁楼的天窗和红木栏杆。旧街上居住的人早就换了一批又一批，偶尔有能几代驻扎在这里不搬走的，就是那些叉着腰站在街上大声嚷嚷着本地方言嫁不出去的老女人了。

我奶奶生前住在旧街上，但她也不是本地人。我爷爷是国民党老兵，四九年的时候要随部队迁去台湾，却在市里头遇到了我奶奶，两个人一见钟情，于是他就壮着胆子挎把驳壳枪，携着我奶奶逃回了旧街。奶奶一下子从一个市里人变成了一个旧街人。

旧街人在县城里有一种与生俱来的骄傲感。他们走到哪里，都会强调自己是住在旧街上的，就像在首尔的富人，会讲自己住在清潭洞。可我奶奶从来不会，她生活在这里六十几年，却还是一副格格不入的样子。这或许是因为语言的隔阂。她讲的是白话（粤语），本地的方言对她而言是陌生的，她也努力去学过，但似乎总是讲不出那股味道，所以她说起话来声音是细细碎碎的，让人听不清楚。只有和人讲白话的时候，她才会兴高采烈。旧街对奶奶而言总好像是一个暂居地，是年轻时候一场惊险刺激的私奔、冒险，就像台湾的眷村那样。奶奶逝世前还惦记着，她母亲给她在市里留了块地，她还是要回去的；可那块地在哪儿，家里人带她到市里看过几次，她是怎么也指不出来了。

奶奶老了以后没有工作，就在旧街上摆起了个酸嘢摊。酸嘢是南宁特有的一种小吃——把生鲜的果蔬腌泡在醋里，蘸上辣椒粉。酸嘢是她家乡的味道，她在旧街上卖起酸嘢后，就每天忙得不亦乐乎。旧街上有一所小学，那些孩子每天放了学就到我奶奶的摊前买酸嘢。那些金黄色的木瓜，红透的李子，剥了皮的杧果，在玻璃缸里沉沉浮浮；孩子们就举着竹签棍，追着我奶奶喊，要最大的那片，要最红的那个。记忆中我没有吃过奶奶腌制的酸嘢，倒是我那个同父异母的哥哥，整天吃着酸嘢。

我哥哥是被奶奶带大的，哥哥每天放了学就守在奶奶的酸嘢摊前，饿了吃酸嘢，渴了也吃酸嘢。大概是那些年吃得太多了，也可能是他只认准了奶奶腌制的酸嘢，除却巫山不是云，他后来就再也不肯吃酸嘢，甚至连气味也不愿意闻到了。

奶奶去世以后，住在旧街上的老人常会怀念她做的酸嘢的味道。可到底奶奶做的那酸嘢是什么味道的，我竟一点也不知道。

旧街最大的一次整改是在九十年代末，为了迎接千禧年。那个时候旧街的房子满墙满墙写着“拆”字画了大叉，奶奶住的那个老房子，也在拆迁的范围里面。好像是一夜之间，旧街就衰败了，很多人都搬到了城东，也有很多人安土重迁不愿意挪窝的，被强行带走了。

旧街上原本有个很老的理发店，也在那一次整改中被拆掉了。那家理发店在西江河的边上，河边有一座凉亭。我阿爸骑着一辆二八杠的自行车，让我坐在车子的横梁上，把我载到这家理发店，让老板给我剃头。阿爸事先得买好一瓶AD钙奶——因为我一坐上那个剃头的高椅，就开始痛哭流涕，仿似要奔赴刑场了一般。我阿爸这个时候只要在我眼前晃动一下手中的那瓶AD钙奶，我的哭声就戛然而止了，转而破涕为笑，伸手想去抓。阿爸讲，等我剃好头，马上就能喝。整个理发的过程，我都目不转睛盯着阿爸手里的那瓶奶，生怕它消失了一般。

到那里去剃头的，很多都是年过七旬的老头子。我这样一个小毛孩，就扎在一堆老头儿中间，得意地晃荡着脑袋，没有什么烦恼忧愁，只是一心想着眼前的那瓶奶。那些都是经历过大生大死的人，他们剃头的时候，面对着那条西江河，它环抱着整条旧街，好像要把所有的故人往事都吞进去一样，滔滔地奔涌。后来那个剃头的老师傅告诉我，我阿爸小时候，我爷爷也像我阿爸现在拎着我一样带着我阿爸过来，我阿爸也哭也闹，我爷爷就想办法，在我阿爸面前捣鼓花样，花样演完了，头也剃好了。他说着就忽然感慨起来，这西江河，几十年了，看是一点变化也没有，它要是再不老，我们可就都老掉咯。他说的老掉，大致就是死去吧。

最后一次到那里去剃头是在九九年了，阿爸抱着我让人为我们照了张相。我穿着红色的小皮衣，柯达公司的胶卷，把红色照得特别鲜艳耀眼，就像那天的太阳，就像那一年我戴着的红领巾。只是谁也想不到，理发店和西江河边所有的建筑一样，都变成了废墟，埋在时间的土里；只是谁也想不到，柯达公司在十多年后的今天，也宣布破产倒闭了。

奶奶是死在旧街上的，她的下半辈子，都在想方设法地逃离这个旧街，回到她的市里，但还是在此终老了。不过有一件事情她倒是实现了，她是在自己的家里去世的——原先的老房子拆掉以后，奶奶寄人篱下过了好多年租房的日子，后来政府总算又在旧街上给我们家补了块地，我们在那里建起了房子，奶奶才得以住了进去。

就像所有旧街上新长出来的房子一样，住进来的，如果不是因为特别怀旧的话，就是被城东那块新兴的中心给抛弃的人。而我们家，大概属于最不像旧街人的旧街人了吧。再过几十年，便又会有人开始怀念，那些老的陈腐的，才是旧街的东西呢。

可到底旧街应该是什么样的，其实我也并不清楚。

鱼没浪痕圆

文/犇啸

走出故乡，高山远水成为牵挂。

我一个写作的朋友，安徽人，从不见他吃鱼，不是不吃，而是吃够了。他家住在河边，自小到大，鱼腥气就充斥在丝丝缕缕的空气里。而在我的成长岁月中，鱼肉可以算是改善生活的一道佳肴了。

家乡无大江大河，但家家户户有堰，用以浇灌、洗浣、养鱼。和鸡鸭牛羊一样，堰里的鱼是自家财产。“竹喧归浣女，莲动下渔舟。”这样的景象我没有见过，倒是对端着盆跟父亲去搭鱼的印象比较深刻。

日暮鸟归林的时候，爸妈也下地回来了，如果不是很累，吃过饭爸爸会扛着搭网去搭鱼。渔网系在两根长长的竹竿一端，撑开了呈弯月形状，全靠人用腰力支撑竹竿撒开，网落在水里，口袋般鼓开，这时用竹竿同时拍打网口，合竿，起网，速度要快。常有鲫鱼、浪鳞（谐音，一种不足大拇指长的小鱼）、哈巴狗鱼、米虾、泥鳅、贝壳、螺、水草等裹一兜，倒进盆里再挑拣。运气好能搭到鲤鱼、黄鳝，不足斤的草鱼、胖头鱼会重新被放回水里。

昏暗的厨房里，盆中活蹦乱跳的鱼是好运的象征，有走几口堰也搭不够一盘菜的时候。为什么厨房里都是一根电线接着一个不足25瓦的灯泡，昏暗飘摇的景象？那橙黄的光，放远了看却是温暖的。

我记得小时候小龙虾是不吃的。有一年十月金秋的时候，田里的水稻已经收割了，露出田边沟，沟里的小鱼小虾一览无余。我们姐妹在田沟里捉了许多小龙虾，剥出来的虾尾用大铝钵装着端了回去，结果却被妈妈倒了喂猪，因为还没有人吃过这东西，也不知道怎么做。

后来电网来了，鱼雷来了，大鱼小鱼被赶尽杀绝了。再后来种田的人少了，无人看管的堰塘多淤泥沉积，长满苇草渐至荒废，加上雨水渐稀，水产类就更少了。

走出故乡，高山远水成为牵挂，去过的，怀念；没去过的，向往。深圳龙华的“清江鱼”，算得上我在深圳吃过的最好吃的鱼了。清江是长江一级支流，发源于湖北恩施，宜昌有清江画廊，2012年夏我曾去过，“水色清明十丈，人见其清澄”，其水如其名。好山出好水，好水出好鱼。清江鱼对生存条件要求苛刻，且成长缓慢，得天独厚的地理优势使得“清江鱼”美名远扬。而能在深圳吃到它，我感到自豪——这是故乡的鱼。

可以与清江水媲美的，是丹江口水。丹江口水域横跨鄂、豫，是南水北调中线工程的取水地，其湖北段的丹江口水库亦是农夫山泉四大取水点之一。“农夫山泉有点甜。”就是这一句广告词打响了农夫山泉品牌，可见丹江水水质的优良。丹江产白刁鱼，清蒸或香煎都是绝佳。有次跟赵辉、张晶骑摩托车去牛河，舒磊在牛河，他有一条渔船，也有一大片的大好山川水色。我们骑着摩托车就出发了，在中途的小镇上停下来买了菜，离村庄越来越远了，水泥路已经没有了，在河岸上的小屋里，只有他一个人在，夏天很热，他在小冰箱里留了半个西瓜等我们。吃完西瓜，舒磊开船带我们去河里取鱼，他在远处下了粘网，小船行在澄碧的山水之间，天上白云悠悠。“行至水穷处，坐看云起时。”我默念起这句诗，心无杂念，全然忘了世间的烦恼。过了一个水湾，在一处草滩上，我看见了马，或立，或卧，或俯首。它们优美的身影倒映水中，不见放马的人。那是我第一次坐船、看马，波光粼粼，鱼翔浅底，周围再无其他的人，安静得有点孤独。中午我们吃从河里粘的鱼、从小镇上买来的菜，吃完饭他们下河游泳，我在河滩上扒开一堆旧网，捡到几颗破碎的螺壳，那一刻我看到了生之不易。我们走后，又剩下舒磊，他一个人、一条船、一江水度过很多个日夜。那时我们都很年轻，没有想过以后，后来我们都离开了，留下那里的山、那里的水、那里的老朋友在记忆里悠远。

“鸟归花影动，鱼没浪痕圆。”跃出水面的鱼，银光闪闪，你看它没入水中，你不知道水底是怎样的世界，你亦不知道后来是怎样的后来。

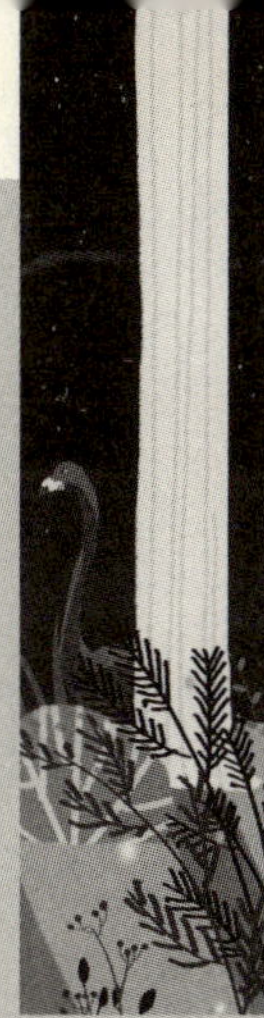

惊初见

获取一颗没有被人进攻的经验的心，也就像夺取一座没有守卫的城池一样。

——亚历山大·小仲马

笙　歌　凉

文/荣嘉奇

大雨在闷热的下午一直下个不停，闻嘉站在火车站的出站口，撑着一把淡绿色的碎花雨伞。火车晚点，她站在这里已经半个小时了。方才有些波澜的心此时已经平静下来，她静静地站着，像是一朵不说话的蘑菇。

为了接陈笙，她特意请了半天假。就在昨天上班的时候，她突然接到陈笙的电话，说他今天会抵达她所在的小城。她没有问他为什么要来，但是她说她会接他。

就像老朋友见面一样。闻嘉对自己说。

仔细算来，他们已经两年没有见面了，可是却有四年没有联系。所以闻嘉在电话里听到陈笙的名字时有一瞬间的恍惚。

大学毕业后两年没见，闻嘉变漂亮了很多，陈笙从出站口走出来时都没有认出她来。闻嘉笑着看他，不说话，仿佛一下子回到第一次见陈笙那天，也是下着大雨，闻嘉站在远处静静地看他，不说话。陈笙看起来比大学的时候成熟很多，身上多了男人的气质。

他们第一次见面也是下着大雨，那天闻嘉穿了裙子，陈笙说：“你真是一个傻子。”后来每次美好的记忆都是下雨天。

出租车里，闻嘉望着车窗上的雨滴，陈笙突然说：“我们已经四年没有联系了。”

这四年的时间里，不是闻嘉不想联系陈笙，是她鼓不起勇气。当初突然决绝地断了联系，没有谁对谁错，没有爱也谈不上恨，只是她一时脑袋转不过弯就做了错误的决定。

闻嘉说：“我大学四年不谈恋爱就是为了等你。可是你再也没有来找我。”

陈笙说：“如果不是大二那年的那件事，是不是我们当初就会在一起了？”

闻嘉看着他，突然不知道怎么回答。

其实她自己也不清楚，她从刚认识陈笙时起就很喜欢他，被他气，被他逗笑，被他纵容，又被他包容坏脾气。可是最后他们还是没有在一起。

闻嘉想，那个时候也算是谈了一场恋爱吧。

大二第一个学期开学，闻嘉为了做宣传展板忙到晚上十一点多。

十一点半了闻嘉才回宿舍，陈笙发短信给她，闻嘉说刚回宿舍，很饿，想吃包子。陈笙回短信说他也很饿。

闻嘉当时只是开玩笑说敢不敢出去吃东西。她没有想到陈笙会当真，她真的只是一句玩笑话，这种玩笑话她平时也经常和陈笙说。

可是那天陈笙偏偏就当真了，他说：“有什么不敢的，我出来了，你出不出来？”

闻嘉依旧以为陈笙是逗她玩，她说：“你出来我就出来！”

陈笙只是回了一句“好”，就没了动静。

闻嘉放下手机开始上网。

十几分钟过去了，闻嘉的电话响了。她看着手机屏幕上的“陈笙”，心脏突然跳快了两拍。

装作淡定地接电话，电话那头的陈笙说：“闻嘉，我出来了，你也出来吧。”

闻嘉不敢相信，她的心跳得更快了。

“你真的出来了？骗我的吧？外面下着大雨呢，多冷啊，你快回去吧。”

“我真的出来了，不骗你，校园里一个人没有，就我在雨地里走着。”

“你真的出来了？我不信。”

“你听下雨的声音啊，听得见我走路的声音吗？”陈笙说着把手机放在雨中。

闻嘉听到了陈笙走在雨地里的脚步声，以及雨滴落在水坑里的声音。她相信了陈笙真的在十二点多的时候出了宿舍，走在校园里给她打电话，只是想让她出来一起吃饭。

“这雨多大啊，你快回宿舍吧，我刚才逗你玩呢，这么晚了没有店开门了，吃不了饭了，算了，改天再吃吧。”

“闻嘉，你怎么又跟我开玩笑！你说你饿了，想吃包子，我出来还不是为了陪你吃饭。我现在已经回不去了，出来的时候宿管大妈说不许我再回去了。你为什么这样，你总是骗我！”

闻嘉突然有些心疼陈笙，想起上次和陈笙约好一起去爬山，就在陈笙准备好出发的前一天晚上，闻嘉突然打电话说不想去了。虽然被闻嘉放了鸽子，但是陈笙也没有说什么。

听到陈笙说的那句“你为什么这样，你总是骗我！”闻嘉突然觉得自己很可恶。

所以她没有再犹豫，对陈笙说：“你来我宿舍楼下等我，我马上下楼。”

闻嘉关了电脑，开始收拾包，装上钱包、手机、学生证、钥匙、纸巾。看着桌子上的洗面奶，犹豫了一下，还是装进了包里。

陈笙发短信给她的时候，她刚好收拾好，换上帆布鞋，心里想着怎么跟宿舍的同学解释凌晨十二点半出去吃饭这么荒唐的事情。

她闭了闭眼睛，索性什么都不说吧。

穿好鞋，她走出宿舍，在门口的时候说了句：“我出去一下，马上回来，你们要睡了把灯关了给我留门就行。”

到了楼下，透过玻璃门，闻嘉看见了外面站着的陈笙。她小心翼翼地叫宿管阿姨起床开门，免不了一顿臭骂，她承诺她一个小时之后就回来。然后不管宿管阿姨怎么说她，她都只是一个劲地说“对不起、对不起、真的对不起”。

出了宿舍，和陈笙走在校园里，闻嘉感觉像是得到了自由一样。她深吸了一口气，抬头看天，虽然漆黑的天空没有星星，可她还是觉得那么美丽。

她承认她从来没有这么晚出过门，打伞走在雨中，深一脚浅一脚地踏在雨水里的时候都觉得不真实。

校园里很空旷，一个人都没有，只能听见她和陈笙的呼吸声和雨点掉落在地上的声音，闻嘉突然就笑了，她想，自己乖巧了这么久也该有一次放肆的时候。

他们有一搭没一搭地说着话，考虑着去哪吃饭，出了学校门的时候才发现下着雨的夜里，大街上也没有一个行人，只能看见三三两两的车驶过。

闻嘉和陈笙打了一辆出租车，上车了以后问司机这个时间哪里可以吃饭，司机开车把他们带了过去。

下车，果然有几个小吃摊，最重要的是有包子可以吃。

闻嘉一下子开心得不得了。他们赶紧找了个位子坐下，要了馄饨和小笼包开始吃起来。闻嘉记得那天她一共吃了六个包子，那味道是她这辈子吃过的最好吃的。

吃过包子，陈笙买了两个冰激凌递给闻嘉一个，他们肩并肩地准备走回学校。

那天不知道怎么回事，闻嘉的鞋带一直散开，她就总是要蹲下身子来系鞋带。反复几次后，不光闻嘉烦了，陈笙也开始纳闷了，他说一定是闻嘉不会系鞋带。然后自告奋勇要亲自给闻嘉系鞋带。

陈笙把伞递给闻嘉，在大街上蹲下身子开始给闻嘉系鞋带，他系得很认真也很紧，系好了站起来笑着说："这是我第一次在大街上给女孩子系鞋带。"

闻嘉也笑，笑容里多了几分不易被察觉的甜蜜："那我还是第一次大半夜和男生出来呢。"

走回去的路上，行人很少，雨也停了，路灯映在湿湿的地面上，发出一片光晕。陈笙总是想借着气氛讲鬼故事吓唬闻嘉，闻嘉捂着耳朵不听，两人一路打打闹闹地走回去。

闻嘉是出了名的胆小，晚上不敢一个人走夜路，不敢坐电梯，不敢上厕所，一个人在宿舍睡觉必须开着灯才能睡着。大一刚开学的时候，室友不知道闻嘉胆小，半夜讲鬼故事吓得闻嘉不敢睡觉就是陈笙陪她打电话聊天直到她睡着。

其实陈笙是知道她胆小怕鬼的，就是故意吓她。

吓唬完了闻嘉，陈笙打开手机变声软件非要闻嘉说话给他听，然后经过变声处理一次次恶搞。闻嘉觉得幼稚不陪他玩，他就一个劲地缠着她说话。两人一路也没消停。

快走到学校了，闻嘉接到了室友方甜打的电话。看着屏幕上闪动的名字，闻嘉吓得不敢接。倒不是因为干了什么见不得人的事，只是闻嘉这么乖巧的孩子半夜十二点出去吃饭这个理由实在是不怎么让人信服，难免会被别人多想。更何况方甜对陈笙有很大的意见，如果让她知道闻嘉和他出去了估计又会在背后说闻嘉的坏话。

闻嘉想到这些就很烦，不想接电话，陈笙倒无所谓："你又没干什么对不起她的事为什么不接？"

闻嘉闭着眼睛接起了电话，好在方甜没有问她和谁在一起，只是问她还回不回去，在哪里。闻嘉说："我已经在回去的路上了，你要是困就先睡吧，不用等我。"方甜说："好，我还是等你回来再睡，注意安全。"

一句话说得闻嘉不知道该怎么回答她。这么温暖的话语真不是方甜平时对她的态度。

方甜大一开学的时候就追过陈笙，可是没有成功，之后就对陈笙一直有很大的意见，看他哪哪都不顺眼。闻嘉想这就是吃不到葡萄说葡萄酸吧。但是她也不揭穿方甜，是她认识陈笙在先，不能因为他们俩的事情影响她和陈笙的关系。

但是陈笙也不是省油的灯，他非要问闻嘉为什么不能告诉方甜他们在一起，闻嘉说："多一事不如少一事，方甜本来就对你有意见，如果我说这么晚了还和你在一起，她一定会数落我。"

陈笙听了这话很生气，他问："你和我在一起很丢人吗？"

闻嘉不回答他，因为她自己也不知道该怎么回答。

这时方甜的短信过来了，短信上说：我不放心你，等你回来再睡，如果你不回来了就给我发短信告诉我一声，一定要注意安全。

闻嘉带着冷笑把方甜的短信拿给陈笙看："你看，她总是在这种时候突然感动你一下，让你觉得她真的是世界上最好的人。"

其实她背后做的事才让人寒心。

陈笙看了短信，没说什么，只是问闻嘉为什么明知道方甜是怎样的人还和她走得那么近，还那么在意她的看法，在意她说的话。

闻嘉看着天空，一颗星星都没有："因为我们住在一个宿舍，我不想把关系搞僵，即使我知道她是怎样的人，也要和她相处下去。"

陈笙看着闻嘉，眼神里充满了心疼。

走到学校门口，陈笙说他不回宿舍，要去网吧通宵，闻嘉要他把她送回宿舍，可是陈笙却不肯送，一定要确定了自己可以进去网吧才送。

他们站在学校外面的网吧门口，一个劲儿地敲门，可是网管大叔却说不能进去了。找了两家网吧都进不去，陈笙没有地方可以去了。

闻嘉让他去宾馆住，陈笙说一个人害怕，闻嘉不知道他的言下之意是要她和他一起。

闻嘉笑："你一个大男人还会害怕？我才不信呢。"

她依旧坚持要回宿舍住，因为她从来没有夜不归宿过。她说："你先把我送回宿舍，然后你再去宾馆开房睡觉。"

陈笙不肯。

他们站在网吧门口的台阶上，孤独而无奈，僵持了一会儿，陈笙认真地问："你和我一起去宾馆好不好？"

闻嘉站在台阶上面居高临下地看着他，他的眼睛亮晶晶的，然后她说了句"好"。

陈笙继续问："你不担心我吧？"

闻嘉看着他认真地问："担心什么？"

"你不担心我会乱来吧？"

闻嘉笑了，她说："我不担心啊。"

后来闻嘉想，那天晚上陈笙一定是提前就做好了计划，带她出去吃饭，然后回不去宿舍，再带她去开房。也许那晚他计划的就是会发生点什么，所以他才一个劲儿地阻拦闻嘉回宿舍去，还编什么自己害怕一个人住宾馆的瞎话，可是他没有想到的是，当他问闻嘉会不会担心他乱来的时候，闻嘉认真的回答让他改变了计划。他没有想到的是闻嘉真的对他一百个信任，从不担心他会乱来，把最真的自己摆在他的面前。这份信任是他在闻嘉身上得到的最珍贵的东西，他不想去毁坏。

又也许陈笙之前没有带闻嘉去开房的打算，只是方甜的那个电话刺激了他，他不明白为什么方甜追不到自己就去干涉闻嘉的感情，他就是想向闻嘉证明自己跟她必须有一些更为深刻的关系，让别人无法拿他说事，又或许就是为了证明给方甜看的。

总之那个时候闻嘉也看不清陈笙对自己到底是什么感情。

在她说了不担心以后，反倒是陈笙松了一口气，很高兴地和闻嘉肩并肩去找旅馆。不巧的是，那天是新生开学的前一天，学校附近的旅馆都住满了。

他们在学校附近找了7家大大小小的宾馆酒店都是客满，那个时候他们突然有点绝望了。

在又一次从酒店碰壁之后，陈笙出来搂着闻嘉的肩膀说："咱俩也算是同甘苦，共患难了。"

闻嘉没有甩掉陈笙搂着她的手，拿出手机看时间，凌晨三点半。

走到一个十字路口，停着几个出租车，一个司机热情地告诉他们，这附近的宾馆都住满了，他刚刚在火车站接了一对母子，拉着他们找了好久才找到有空房的宾馆。

陈笙和闻嘉没有办法也坐上了出租车，准备去远一点的地方找找。

路上路过一家商务酒店，司机停车让陈笙下去问问，陈笙下车的瞬间，闻嘉突然说她也要下去。

那一刻，闻嘉发现她不敢离开陈笙。大半夜出来吃饭她不害怕，和陈笙出去住她不害怕，凌晨三点半找不到地方睡觉她不害怕，深夜走在空无一人的街道她也不害怕，因为她知道做这一切的时候身边都有陈笙，但是当陈笙要离开她身边的时候她突然害怕得不得了。她害怕陈笙刚刚下车司机就发动出租车，她不敢想下去，她必须时时刻刻和陈笙在一起才能安心。

很幸运的是，那家商务宾馆还有一间麻将房可以住。他们都没想到可以这么顺利，找到的第一家宾馆就有空房。

登记了信息，交了押金以后他们就可以去房间睡觉了。

进了房间，只有一张大床，一个麻将桌，一个电脑桌和一台电脑。

陈笙坐在了电脑跟前，让闻嘉先睡。闻嘉已经累得不行，脱了鞋上了床，盖上被子准备睡觉，那个时候已经凌晨四点了，她给方甜发了短信告诉她自己不回去了。

陈笙一直坐着玩电脑，闻嘉怎么也睡不着，倒不是因为害怕或是怎样，只是她过了困劲儿，躺在一个陌生的地方觉得今天发生的一切都不真实。

后来迷迷糊糊地睡着了，陈笙上床睡觉的时候她感觉到了，他们盖一个被子，陈笙上床了之后很乖，盖了被子就睡觉了，还帮闻嘉盖了盖。闻嘉在心里笑了笑。

其实她那天也不知道自己为什么对陈笙那么信任，一点都不担心他会对自己怎么样。她总觉得陈笙不敢对自己怎么样，她不想破坏他们之间纯洁的友谊，所以她不去往那方面想，也就一点都不害怕。

他们一直背对着背睡，闻嘉也不知道自己是怎么睡着的。因为没有脱衣服，闻嘉睡了一会儿就觉得热，总是翻来覆去的。陈笙也许是真的太累了，他睡得很沉，闻嘉发现陈笙睡觉喜欢挤人，陈笙靠过来，她就向外面移一点，过一会儿，陈笙又靠过来，闻嘉转头看他，发现他睡得很香。她想，也许他就是喜欢挨着别人睡吧，这样一想也就不再向外移，因为她已经睡在床边了，再向外移就掉下床去了。

那天晚上闻嘉睡得并不好，她总是一会儿睡着一会儿醒来，她的鼻子里一直残留着陈笙身上的香味，可是她固执地用后背对着陈笙。

被电话惊醒的时候是早上六点半，她才睡了两个小时，学生会的部长问她为什么没有到集合地点。那天是新生开学的日子，学生会的干事们都要去迎新。闻嘉谎称自己生病了不能去，当时部长并没有说什么。

再次醒来的时候，睁开眼睛，面前是陈笙的脸，近在咫尺，闻嘉没有动，她仔细地盯着陈笙的脸看，突然心里动了一下。

那一刻，闻嘉不想起床，不想醒来，就想在陈笙的怀里一直睡下去。那种感觉温暖而美好，让闻嘉一辈子都忘不了。男孩干净的脸，淡淡的香气，温暖的怀抱，一切都让闻嘉那么怀念。

她想，自己从来都没有对陈笙说过什么喜欢之类的话，也没有表现出来对他的好感，只是从刚认识到现在都一如既往地信任他，其实信任是最深的表白。我喜欢你，我才会信任你。我信任你，我才会把真实的自己完全地暴露在你的面前。这世间，最难能可贵的就是对一个人无条件的信任。不管你说什么话，做什么事，哪怕再不靠谱，哪怕万人阻挡，我也愿意信任你。

闻嘉洗漱完毕，陈笙还没有醒，她没有办法就只好等。后来电话响了，陈笙醒来接电话，闻嘉听到他室友的声音，大意是问他在哪里，有没有发生点什么。闻嘉没有听清，陈笙说了几句就挂了电话。

他赖着不起床，闻嘉拿他没办法。陈笙突然把闻嘉按倒在床上拿被子压着她不让她起来，两人打闹了一会儿才起来，闻嘉想，陈笙真的是一个幼稚的小孩，还需要人哄需要人疼的那种，今天两人睡在一起的这件事说出去谁都不会相信他们什么都没发生。

闻嘉决定保密谁都不告诉。

但是回了宿舍，免不了室友一顿询问，方甜知道闻嘉是和陈笙出去后大吃一惊，她说："你俩是不是好上了？"

闻嘉愣了愣，说没有。

方甜说："那就好，你和谁在一起也不能和他在一起。"

那些天的话题一直都是方甜教育闻嘉不该和陈笙在一起，说得多了闻嘉就开始烦，方甜就总是在宿舍里处处为难她针对她，就像要报复闻嘉一样。

过了些日子，闻嘉跟陈笙抱怨了几句，陈笙就不愿意了，他说什么都要去找方甜把事情说清楚，不允许闻嘉在宿舍受欺负。

可是闻嘉执意不肯，陈笙打电话过来的时候很生气，他搞不懂闻嘉想息事宁人的态度，他不理解闻嘉夹在两人中间的艰难。

闻嘉突然觉得陈笙幼稚至极，她说："你如果去找了她，让她在你面前那么没面子，你觉得从此以后我们在宿舍还能相处下去吗？她们会集体孤立我，你就愿意让我一个人承受这些吗？你能不能不要这么冲动？能不能做事情之前想想后果再去做？你觉得你是在帮我，是在为我出头，可是你有想过我夹在中间的感受吗？"

闻嘉越说越伤心，最后开始哭起来，她气的不是方甜故意处处为难她，她气的是陈笙根本不理解她对他的抱怨，她不是想要他替她出头，她只是想跟他说说话，说说心里的委屈，日子还要继续过下去。

可是她以为的息事宁人在陈笙那里什么都不是，怎么也挡不过他的冲动。

闻嘉突然头很疼，她特别特别累，她觉得和陈笙在一起就是一件特别特别累的事情，她说："我们以后不要联系了，你如果总是这么冲动地做事，那我以后什么都不敢跟你说了。我们还是不要联系好了。"

闻嘉一直在哭，话都说不清楚，陈笙听到她哭就开始急了，语气也柔软下来，一个劲儿地哄她。闻嘉又说了一句"以后不要联系了"，然后挂了电话。

闻嘉躺在床上，捂着被子开始哭，一直哭一直哭，然后陈笙给她发了一条短信过来。

陈笙说："别多想了，真的。有些事学着虚伪一点你才能保护你自己。不然受伤害的只会是你自己。我不知道你的压力多大，但是我会听你倒心里的苦水。我再不这样了。四年我会一直陪着你。虽然我不能时时刻刻都在你最需要的时候出现，因为现实情况不允许。但是我答应你，我会陪着你。"

看完短信，闻嘉哭得更厉害了。她从来没有这么难过，她不知道自己要怎么做，她害怕失去陈笙但是也无法和他继续做朋友。

哭累了闻嘉就睡觉了，陈笙说："单方面的决定不成立，我不允许你不理我，今天中午你说过的话我都忘了。"

闻嘉再没回复他。

醒来的时候宿舍只有她一个人，她开电脑上网，看见了陈笙为她改的说说，她又开始哭起来。她突然觉得自己很无助，以前自己不知道该怎么办了的时候都是找陈笙，现在，她要和他断了联系，好像这座学校再也没有人可以给她肩膀依靠。

闻嘉不知道自己那些天是怎么过的，她和陈笙断了联系，宿舍里方甜也不跟她说话，每天过得都很压抑。

这样的日子持续了一段时间才有好转，但是面对闻嘉的冷暴力，陈笙再也没有来找过她。他们就这样错过了那些年的时光。

陈笙在闻嘉所在的这座小城住了下来，每天都去接闻嘉下班，然后一起吃饭，看电影。那个时候上映了九把刀的电影《那些年，我们一起追的女孩》，他们两人去电影院看电影，闻嘉看得一直哭，她仿佛在柯景腾和沈佳宜的青春中看到了曾经的她和陈笙的影子。她喜欢陈笙，但是他那时太幼稚。她强迫自己不去主动联系他，强迫自己离开他，然后他就真的再也没有找她。

陈笙在闻嘉哭得最伤心的时候轻轻地握住了她的手。

陈笙没有说那些年他没有主动去找闻嘉不过是因为自己的自尊，不过是别扭着不肯承认自己的幼稚。

其实有好多事情闻嘉都没有说。比如闻嘉第一次看到陈笙的照片，觉得这个男孩子长得真好看啊，我一定要认识他。所以才有了后来他们不靠谱的相识。还有那年闻嘉在宾馆接到部长的电话谎称自己生病，当时部长没有责怪她，但因为闻嘉那天的缺席导致她日后错失了当选部长的机会。这些闻嘉都没有告诉陈笙。还有那天早晨醒来，看着陈笙近在咫尺的脸，闻嘉承认自己动心了，可是她没有说。后来闻嘉还总是想起陈笙，想起他站在台阶上抬头看着自己，问她“你担心我乱来吗？”想起他在大街上给自己系鞋带，然后说“这是我第一次给女孩子系鞋带”。闻嘉没有告诉他，那也是第一次有男孩子愿意在大街上蹲下来为她系鞋带。

后来，闻嘉给她最好的朋友讲过她和陈笙大学的故事，她说那几乎就要成为一场恋爱了吧，可是后来还是没有在一起。她的闺密听了闻嘉讲完那晚的事情，只说了一句话，她说：“陈笙是一个好男孩。”

“那天晚上不管陈笙是之前就计划好要带你去开房还是后来决定带你去开房，总之他那天是有要和你发生点什么的想法了，但是他最后还是什么都没有做。因为你说你不担心他会乱来，所以他最后也没有乱来。

“他还是在乎你，所以你那句信任实在是他得到的最好的东西。我估计他在多年以后回想起当年青春年少，还是会想起有你这么一位姑娘，在深夜的大街上对他百分之百信任，让他铭记一辈子。”

闻嘉听了只是笑。她自己也不知道陈笙当时到底是对她怀有怎样的感情或者怎样的目的。她也曾怀疑过，但是只要见到陈笙她从来都是信任。也许有一种人他们就是能相互妥协，因为爱或者是因为善良，这些都不重要了，因为最后他们还是在一起了。

绿 色 水 杯

文/巫小诗

一

曾燚今年高三，他有个朗朗上口的外号叫四火，顾名思义，“燚”这个生僻字，难认又难写，不如拆分成四个火，简单方便，形象且接地气。

虽然名字里有四个火，但曾燚可是个纯书生形象，没什么脾气，更谈不上暴躁了，也难怪五行缺火。在阴盛阳衰的文科班，曾燚这样性格的男生倒也见怪不怪，但他跟别的男生不一样，他不仅性格温婉，长相不赖，还成绩好，几乎次次都是班上第一名，愿意帮别人解惑，搬桌子、给饮水机换水的体力活他也能做，且不像女生般小气多疑，女同学都喜欢跟他做朋友，他也成为了远近闻名的少女之友。

但曾燚的同桌李薇妍并不太待见他，是的，没错，李薇妍就是那个长期被他踩在脚下怎么爬都爬不上去的第二名。曾燚从没招惹过她，但她就是不爽，她不知道为什么，无论自己多么努力，都会被对方轻易打败，这种打败是那么的轻描淡写和不费功力，为什么别人明明没有自己努力还比自己优秀？为什么？

李薇妍会把这种苦闷跟自己最好的朋友小艾倾诉，软妹子小艾同学会耐心安慰她："第二名也很棒啦，我们这样的班级，能考第二名，以后也是名牌大学不愁的呢。"而不管对方如何劝说，李薇妍总是冷冰冰地回复一句："第一个登上月球的人是阿姆斯特朗，全世界都铭记这一位英雄，第二个登上月球的人也很不容易啊，也很棒啊，但他是谁呢？谁知道呢？谁又在意呢……"

不得不说，李薇妍是个彻头彻尾的悲观主义者，悲观主义这种神奇的东西呢，是只适合用来搞艺术的，用来过生活的话，是开不出花朵的。

二

曾燚所在的学校教学管理非常严格，严格到饮料都不许带进教室。这个规定是有它存在的意义的，你要知道，假如老师上课的时候你在底下喝汽水，开瓶的那一下"刺"的气流声，是很不礼貌的。再者，汽水有时候会喷出很多泡沫，洒书上、考卷上了咋办？更者，中学生那萌而未发的虚荣心是很微妙的，同样是喝饮料，你喝两块五的，我喝五块的，那我就是比你有优越感。所以，学校为了杜绝这种种的小隐患，下发通知，禁止带饮料进教室，教室配备了饮水机，大家自带水杯就可以了。

可就是这么严格的管理下，也还有人心存小九九，想方设法地标新立异。李薇妍就是其中一个，她其实也不想跟谁攀比什么，她就是时刻告诉自己，什么都要比曾燚好，即便学习比不过，别的方面也要比他好，不为什么，就为出口恶气。

这天早上，李薇妍把一个绿色磨砂皮精致小水杯往桌上一放，曾燚就由衷赞美了一句："哇，杯子好漂亮。"这正是李薇妍期待的表现，此时，她漫不经心地说了一句："嗯，星巴克的限量杯子，哥哥从上海带给我的。"那气势，简直要逼得对方俯首称臣似的。

"哦。"曾燚回了一句语气助词，没再接话。

"喂，四火，你难道不想知道这个杯子的价钱吗？"见情节没往自己预料的方向发展，李薇妍很不服气地追问道。

"如果别人送给我一个东西，我就不会问他花了多少钱，这样不礼貌。"

"……"李薇妍无话可说，灰溜溜败下阵来。李薇妍在内心嘲笑自己，看看，四火真是无坚不摧，想在他面前炫耀一下新水杯，结果反倒被他轻描淡写地羞辱了。

李薇妍起身，拿着新水杯去饮水机前接了满满一瓶水，仰头就喝了起来，这种喝就像赌气喝酒似的，咕噜噜，没一会儿，半瓶水就下肚了，她其实一点也不渴，就是想喝水，像窝了火想找人打架似的，不，才不要提起"火"字，跟火有关的词都让人讨厌！啊，烦，怎么到处都有火？连"烦"字都是火字旁。

三

曾燚人单纯，一直都感觉不到李薇妍对自己的恶意，他只是觉得，这个姑娘大大咧咧的，属于男人婆那种，不过除了偶尔有点凶，好像也不让人觉得讨厌，而且，自己必须要跟李薇妍处好关系才行，因为李薇妍的闺密是小艾，小艾可是个很讨人喜欢的好姑娘呢，想要博得一个女孩的好感，当然要让她周围的人觉得自己好啦。

之前说过，曾燚所在的学校是非常严格的，一般来说呢，严格的学校教学成果也是很棒的，他们学校每年都会有很多考上名牌大学的学生，甚至因为竞赛保送顶尖学府，曾燚必然是会成为名牌学子中的一个的，这一点他的老师和家长都不操心。但学校有一项规则，让部分人不太待见，那就是，每学年的班级座位，按照上一学年期末考试的排名来，排座位的时候，所有的同学在教室外面站好，老师拿着排名表，从第一名开始，挨个往下点，点到的，就走到教室门口，挑一个自己喜欢的座位坐下，一直往后，到了最后的几名，基本也就没的挑，找个空位坐下得了。

这一个制度，学校沿用至今，目的是督促学生好好学习，如果觉得座位不好，那就把学习搞上去，争取坐好的位子，老师对有意见的同学是这么解释的。他举了一个很形象的例子，“就像你坐火车一样，软卧、硬卧和硬座，这些票价是不一样的，舒适程度也是不一样的，考试同理，你的考分越高，你就可以拥有更好的座位，这其实是一件很公平的事情”。

曾燚并不喜欢这个制度，这一点肯定让所有人意外吧，当然，他并没有跟人说过他的想法，说出来，别人肯定要反问了：“四火老兄啊，你次次第一名，所有位子随你挑了，你还有什么不满意的呢？”曾燚内心的不满意，其实是因为，每次第二名李薇妍都会选择他旁边的位子，高中以来，他的同桌从来没有过别人，一直是李薇妍，更别说跟喜欢的小艾同学坐一起了。

李薇妍不是讨厌他吗？为啥次次非得跟他坐一起？因为啊，李薇妍觉得，知己知彼，方能百战百胜，要打败四火成为第一名，得了解他，知道他比自己好的地方在哪里，借鉴学习然后超越，这就跟历史书上学的那个“师夷长技以制夷”是一个道理。

可惜，同桌了这么久，除了感觉到他上课专心听讲不分心外，倒也没发现特别的学习方法，课余打篮球，别人学习不好问他一遍又一遍他也不嫌浪费自己时间。李薇妍可不爱帮人解答，当然，一般也没人找她，除非四火正在忙，排不上号，才退而求其次找她，她虽心里窝火，也不会拒绝，被人误以为不会做就糟糕了。

李薇妍常常想，难道四火同学真的是天赋异禀，比自己聪明？当然，她从来不愿意承认这一点，拜托，自己可是女生，可是感性动物，女生学文科应该是有先天优势的，一定是自己哪里没做好，不可能比不过的，不可能。

四

再说到人见人爱的小艾同学，她是李薇妍最好的朋友，她俩是一个小区的，从小一起长大。小艾人见人爱倒不是因为多么漂亮多么出众，而正是因为素淡，她是那种淡淡的像白纸一样的女孩子，扎马尾，穿校服，连鞋子都是很朴素的帆布鞋，说话轻声细语，无论你跟她说什么，她都是眼神清澈地在倾听，不反驳也不打断，然后安慰你，让你别想这么多，“淑女”这个词，似乎是为她而造的。

小艾好像永远都不会烦恼，她跟李薇妍就像是两个极端，一个是一碰就爆发的火山，一个是温婉沉默的冰湖。小艾内向，成绩也不拔尖，但跟大大咧咧的李薇妍站在一起，就显得她人淡如菊，芳香四溢，没有人不喜欢小艾，一个人素淡了，就没有攻击性，没有攻击性，就会安全，让人放心，让人喜欢。

曾燚挺喜欢小艾的，如果不跟李薇妍同桌的话，他大概都不会注意到班上有个这样的女孩子，因为，小艾没有来请教过他数学题，也没有拜托他帮忙干什么重的活。当然了，小艾作为李薇妍最好的朋友，如果当着她的面，绕过她来向曾燚请教问题，那绝对会让李薇妍有很大的挫败感，所以，她有问题，次次都是来问李薇妍的。

小艾来问问题的时候，曾燚每次都会故意在座位上坐着，找一本杂志或者不相干的书打着掩护，然后有意无意地瞄一瞄，“哦，这样啊，那然后呢，可是，还是有点不太懂……”小艾温婉的声音，总会让曾燚想到书里写的“吴侬软语”，虽然没去过江南，但他心目中的软语，也再软不过此了。

虽说喜欢，曾燚好像从没有单独跟小艾说过话，每次都是小艾来座位上找李薇妍的时候，曾燚厚脸皮地在小闺密中间插个话，或者是小艾来找李薇妍她正好不在，托他带个话，总之，曾燚没有发动任何攻势，没有准备好，也完全没有机会。

小艾呢，作为李薇妍最好的朋友，很清楚自己不能对曾燚太热情，闺密会不开心的。他们三个人，就这么尴尬地交错着。

五

曾燚意识到自己昨天在杯子的事情上，有点让李薇妍不开心，那怎么也要弥补一下吧，不然人家在自己喜欢的姑娘面前说坏话就不好了，那对自己形象的树立是很不利的。

于是，下课的时候，曾燚就主动对李薇妍说："我去饮水机接水，要帮你带一杯吗？"

"啊？"李薇妍被这突如其来的好意吓到，心想着，肯定是猫哭耗子假慈悲，昨天还用杯子羞辱自己，今天就当好人，肯定没安好心。不过，人家这么主动提出帮忙，拒绝的话，是不是自己太过分了？"好吧，谢谢。"李薇妍答应了。

曾燚手拿两杯水回来了，把李薇妍的杯子轻轻放在了她的桌上，"啪！"

不料杯子没放稳，侧翻，滚动，直接掉到地板上，当场就摔破了，水洒得满地。“啊，对不起啊，对不起，我太不小心了……”

果然，这小子就是故意的，果然是没安好心，李薇妍气不打一处来：“你是故意的吧！这杯子很贵的！你是看不惯我有这么好的杯子，然后摔的吧！”

“都说了是不小心了，摔碎了杯子我很抱歉，跟杯子的贵贱无关。多少钱，我赔给你就是了。”曾燚也觉得挺委屈。

“我不在乎钱，我就心疼我的杯子，你赔我个一样的杯子。”李薇妍终于在气势上得到了一些满足，心想着，看你怎么赔我。李薇妍心肠真的不坏，只是被曾燚这个千年第一名压抑太久，哪怕在吵架上占了一点点上风，都能弥补一些内心的创伤。

“好，我赔，过两天给你。”曾燚脾气虽好，可自尊心也是强的，当着全班人的面被人逼话，当然不能跟对方心平气和讲理，要么拒绝，要么答应，当然，这种情况，只能答应了。他心想，这种大品牌，买个一模一样的杯子，也不算难事。

曾燚所在的县城，没有一家星巴克，网上买的话，怕不靠谱，既然对方的杯子是哥哥从上海带回来的，那自己也托个什么人从上海寄个来吧。自己也没有哥哥，上海好像也没什么很熟悉的人，怎么办才好？万般无奈的时候，想到小艾跟李薇妍聊天的时候好像讲到自己上海的姐姐什么的，对呀，她俩一个小区的，她们的哥哥姐姐在异地也互相认识，可见两家关系好得很。

所以，没有办法，只能去找小艾，拜托她姐姐帮忙了，不然，李薇妍这个暴脾气，可不定要傲娇到什么时候。也好，摔了个杯子，得到一个跟喜欢的女生交流的机会，也不算亏。在网上查了一下，那款杯子的售价要一百多，唉，这种事又不能告诉家里，只能从自己的零用钱里面省了，曾燚摸了摸自己的肚子，叹一口气："兄弟，这个月的早餐，咱就把奶戒了，过了这个月，好好弥补你。"

六

今天刚好小艾值日，李薇妍自己先回家了，曾燚以在学校里打会儿篮球为幌子，在小艾打扫快结束的时候回到了教室。小艾打扫得很认真，同组的同学都走光了，她还在细心地摆着桌椅。曾燚来到她旁边，鼓足勇气，说出了自己的烦恼，请小艾无论如何要让她姐姐帮自己这个忙，说罢曾燚从口袋里掏出两百块钱，说剩下的就当请小艾喝奶茶了。

小艾没有立马答应，她说："可是，薇妍没有告诉过我她哥哥买了那么贵的杯子给她啊，我们是好闺密，她早餐吃了什么都会告诉我，这个事她怎么没有告诉我呢？"

"可能是她太高兴一下忘了吧。"曾燚说。

"我姐姐已经参加工作了，可薇妍的哥哥还在读大学，她哥哥很节俭的，成绩也很优秀，妈妈老让我向他学习。我听人家说，星巴克的咖啡只有小资的人才会去买，薇妍的哥哥应该不会进星巴克的。"

“哎，我的好妹妹，就别想那么多了，总之就是，我现在要买个一模一样的杯子还给她，不然她要吃了我，你让你姐姐帮我买吧，答应我，我以前从没麻烦过你呢。”

小艾被“我的好妹妹”五个字逗笑了，此刻曾燚笨拙的样子，还真有点像《红楼梦》中宝玉在拜托林妹妹呢，小艾答应了下来，但拒绝接受余款，她说：“买杯子剩下的钱，我会还你的。”然后曾燚告诉了她杯子的型号，小艾不用手机的，她说回去打电话，还让曾燚保证，这个事情一定不告诉李薇妍。

然后，曾燚“顺路”送小艾回了家。

“以前上学放学怎么没见过你啊？”小艾问。

“哦，这边是我外婆家，我平常住自己家，偶尔住外婆家。”说完，有点心虚，曾燚画蛇添足地补了一句，“我外婆家真的住这边，不信带你去她家坐坐。”

小艾又笑了，她笑起来真好看，比林妹妹还好看。

快到小区门口的时候，小艾让曾燚不用送了，让他从对面马路目送一下就可以了，被薇妍看见可不好，毕竟啥事没有，不然她又该多想了，“薇妍这个人，是很善良的，就是有时候脾气有点暴躁，你不要往心里去。”她安慰曾燚道。

曾燚目送小艾进了小区，然后赶忙往回奔，哪来的外婆家啊！外婆远在农村老家呢，这么晚还没回家，还离家这么远，回去该被妈妈凶了，曾燚一路小跑，跑到就近的公交站，坐完还要转车，回家已经快8点，即便被妈妈臭骂，即便冷饭冷菜吧唧吧唧吃了，他依然感到好幸福，跟自己喜欢的女孩单独相处了这么久，这一天来得好突然。

七

两天后，曾燚早上来上课的时候，摸到自己抽屉里有一个硬邦邦的盒子，用可爱的米色卡通小袋子装着，低头一看，盒子里装的正是赔给李薇妍的绿色星巴克水杯，还有余下的一点零钱，他回头看了看小艾，小艾朝他会心一笑。真棒，小艾办事效率这么高，他眼神里流露出赞许，两人都没有声张，李薇妍坐在旁边呢，可不能让她知道。

“这是赔给你的，摔坏你的东西很抱歉，一模一样，也是上海买的。”曾燚把杯子递到李薇妍手里。李薇妍愣了，没去接，曾燚手里的杯子尴尬地停在半空，“赔给你的，又不是送给你的，愣什么啊，接着。”递交稳当后，曾燚回过身子，继续忙自己的去了，没再说什么。

李薇妍心里却很忐忑，没想到他真的会赔，原想着气气他也就够了，让他感到为难就行，没准他还能退缩一下，态度软下来跟自己好好商量，总之，没想到他真会这样，这样的结局，她一点也感觉不到快乐。

迷迷糊糊地熬过了一节课，心里七上八下，老师讲了什么，完全没有印象，下课了，她就赶紧冲到好闺密小艾的座位，把她叫出来谈心，心里憋了太多的事，不说出来会不好受。

“小艾，我跟你说一件事，你可不许怪我，我真的不是故意的，我心肠不坏，你知道的。”一向强势的李薇妍居然软趴趴起来，这让小艾有点不习惯，赶忙问到底什么情况。

“是这样的……我骗曾燚说，我的星巴克杯子是哥哥在上海星巴克买的正品杯子，很贵，其实，根本不是的，是我在普通的街边小店买的仿版，才花了十几块钱。我不是故意撒谎的，我就是看他老是不把我放在眼里，想气气他，在他面前有点面子。他把杯子摔了，当时我觉得他是对我怀恨在心故意摔的，现在看样子并不是，他赔了我一个新的，还是一个正版，是真正的从上海托人买来的，我摸着明显感觉手感不一样了。”李薇妍顿了顿，喘口气，“但是，我一点都不开心，一点都没有跟他对挑成功的感觉，反倒觉得自己蛮横无理地欺负人，撒谎和虚荣，真的好讨厌这样的自己。”

“别责怪自己了，我知道你不是故意的，事情都这样了，就当没发生过，跟他好好做朋友吧。其实，几天前我就察觉到了你的杯子不是正品了……”小艾察觉到说漏嘴了，赶忙停住。

“几天前就察觉？我什么都没跟你说，你是怎么知道的？莫非你跟那小子私下里有往来？他连摔个杯子都要跟你聊，你们是有多亲密？为什么瞒着我？我难道不是你最好的朋友吗？”李薇妍暴躁的脾气又来了，一连问了一堆为什么，让小艾完全招架不住，似乎此时此刻，被最好的朋友欺骗了，就使得她之前犯的错误都值得被原谅，值得被同情，她一下子从愧疚的一方变成了委屈的一方。

诚实善良的小艾把事情经过一五一十地告诉了李薇妍，薇妍是自己最好的朋友，不能让最好的朋友生自己的气，她的立场应该永远在朋友这一边，她真的只是单纯地认为，诚实是最好的交流方式。可是她错了，李薇妍感受到的不是她的诚实，而是她的背叛。

“所以，现在你们两个要一起来看我的笑话是吗？那你们好好笑吧，我不再是你最好的朋友了，我走了。”说罢，李薇妍气冲冲地进了教室，留下小艾在门外发愣。

八

“怎么了？”曾燚问李薇妍。

“四火，杯子你自己留着，我不想再跟你说一句话。”李薇妍把杯子递还给曾燚。

“怎么了这是？我辛辛苦苦托人从上海寄回来的，知道多费事吗？说要赔的是你，说让我自己留着的也是你，你怎么这么难伺候啊？”曾燚没有接杯子，一向性格温和的曾燚很少发这么大的脾气，李薇妍有点被镇住。当然，被镇住的原因是，自己的确有些底气不足。

“是啊，我怎么这么难伺候啊？”李薇妍在内心问自己，她没有再回复曾燚的话，只是把杯子搁在桌上，然后一个人趴在桌面上，头深埋着，谁都不想理，她要好好静一静，好好反思一下，自己是怎么变成这样人见人厌的，何止人见人厌呢？自己都讨厌自己了。

曾燚正心急如焚，因为小艾自下课出去跟李薇妍说话后，就没进来，眼看着这节课都上了一半了，她还没有进来，她可是班上最乖的女孩子，翘课这种事，她是万万做不出来的，不会出什么事了吧？曾燚盯着墙上的钟，巴不得用意念让它走得快一些，而李薇妍一直埋着头，还没有起来，简直像是睡着了，老师也没有叫醒她，老师知道的，平常认真听讲的好学生，若是上课埋着头，那是真的不舒服，不会是睡觉。

上课从来不讲私话的曾燚忍不住了，用胳膊肘顶了顶身旁的李薇妍："喂，别生气了，小艾一直没进教室，不会出什么事了吧？"李薇妍抬起头，这一对冤家，目前只有在提到同一个人的时候，才会共同关心，一个是心仪的姑娘，一个是最亲密的朋友。

"是你跟她说什么了吗？"曾燚逼问道。

"没说什么，倒是她背着我跟你说了什么吧，你们的事情我都知道了，你们俩合伙来气我。"还在气头上的李薇妍依然不松口，非要给自己争口气。

"我想你误会小艾了，是我去拜托她帮忙的，是我求着她找她姐姐帮忙，她自始至终都是被动的，她一直把你当最好的朋友，帮我忙的时候，她都畏畏缩缩的，就怕你误会了不开心。"

听到曾燚这样说，李薇妍心里好过多了，但是气势上还是不能输："那么多人可以找着帮忙，为何偏偏要找我的好朋友？这不是摆明了要气我吗？"

"在上海，我没什么认识的人，而且，小艾跟别人不一样。"曾燚说着说着，居然透露出了他内心的小九九。

"不一样？哦……我明白了，你这小子，鬼主意打到我家姑娘身上来了。"气氛一下子轻松起来，李薇妍没再生气了，此时两个人的注意力完全集中在小艾身上，他们相约下课了一起去寻找小艾。

九

出了教室，操场和足球场都看不到小艾，不知道她去了哪里。学校规定严格，不到放学时间，校门是不会打开的。

曾燚心急如焚，李薇妍似乎突然想到了什么，说："我大概知道她在哪里。"然后飞快地往一个地方奔去。啊，小艾果然在那里！

那是实验楼背后的一小块平地，平地上长着一棵孤独的榕树，被水泥墩围着，好像被隔离了一样，因为平常没什么人去，显得凄凉。

李薇妍平常心情不好的时候，就约小艾来这里聊天，在这棵树下坐着，老榕树可是听说了不少曾燚的坏话呢。可每次都是李薇妍在口若悬河地说个不停，小艾就像一个树洞般倾听着，在必要的时候点点头，在李薇妍的尾音后来一些安慰。她性格温婉，不爱抱怨，人人都喜欢她，人人也都忽略了她也有情绪，也需要被聆听。

两人走近小艾，小艾的脸上有着浅浅的泪痕，看得曾燚很心疼。三个人彼此沉默了一会儿，李薇妍突然开口说话了："小艾，对不起，我误会你了，你是我最好的朋友，我再不会伤害你了，对不起。杯子本来就是仿版的，我不该撒谎，更不该让这个谎言继续发展下去。四火，我也要对你说一声对不起，我刁难你，是因为我嫉妒你，你什么都比我好，我心里慌张，对不起……”强势的李薇妍居然道歉了，还居然……哭了。

“不怪你，怪我对你不够坦诚，对不起。”小艾又重新哭了起来。

曾燚最怕女孩子哭了，还同时是两个女孩子在自己面前哭，他着急得不知道说什么好，手心一个劲地冒汗，气氛无比尴尬。

“你们三位同学还在这里干什么？马上就打铃上课了！快回教室去。”要说李薇妍可真是女汉子，哭的声音都比一般人大，实验楼上的老师从窗子里探出头来喊话，三个人只好回到教室去，曾燚却对这位打破尴尬的救命老师心存感激。

十

三个人回到教室，崭新的杯子还在李薇妍的桌上放着，锃亮的绿色，像一颗诱人的青苹果。

“这个杯子我真的不能收，太贵重了。”李薇妍说。

“收下吧，就当是我给你的泪水补贴费好了，看你哭一次，可真不容易。”曾燚打趣道。

“那也不行，是我自己要哭的，怨不得你。送给小艾吧，她配得上这么精致的杯子。”

“那不行。”曾燚羞涩地说道。

“为什么呢？”李薇妍不解。

“给小艾的话，一个杯子可不够……”

小 艺 术 家

文/蒋奔

那堵矮墙上，罗中立坐在他的《父亲》旁边，《父亲》耳边双色相间的圆珠笔已经分不清是哪双色了。冷军凝望着他的《小唐》，《小唐》却始终将甜美无邪的眼神流向别处。往前，是他最喜欢的何多苓的《女人体》，然而说实话，这种喜欢，也纯粹是满足了自己对于“性”的需求而已，就像何多苓自己所说：“《女人体》本来就是一个情色的东西，要说它一点都不情色，很虚伪。所有的评论家都极力想把《女人体》说成是一种健康而不会引起人邪念的东西，我觉得那是愧对人性的。”

江如水觉得自己比何多苓更优秀的地方在于，他能把这种人性体现得更出彩，正如他每每画完一个女模特，总能用各种办法和这个女模特开房，尽管他依旧是空虚的。

墙的末端，是新贴上去的一幅打印下来的画，名字叫作《大艺术家》，作者是江如水，而这画，是他的自画像。江如水为这幅画起名字的时候，朋友们都说，会不会太骄傲、太浮夸了。他没有去反驳他们，却执意要以“大艺术家”命名。

“他们都以为这个大艺术家是我。”江如水对着墙上的画自言自语，“都觉得我还年轻，尚且担待不起这个称号，都那么浅薄。然而真正所指的艺术家，是我身后那个调颜料的你，可惜，你再也没法知晓了。”

衔接着墙的门开了，江如水走出来，回头看了一眼铁门电子屏幕上的几个红字“杭州尚形美术培训学校欢迎您！”一瞬间恍若隔世的景象，又铺陈在了江如水眼前。

当年七月，那个一人背着一大堆画材走到这里的瘦弱男孩，仅仅半天工夫，脖颈间晒出了一条黑白分水岭。

等在门口接待他的是一个姑娘，带着他到招生办办好了入学手续，那姑娘替她拎起了行李。

“不要。”江如水说出了这两个字。那姑娘愣了愣，默默放下了行李。江如水心下自责，说话不讨人喜欢的毛病终究还是改不过来，何况对方还只是个姑娘。

“很重。”江如水又说了两个字，算是替自己圆回来了。江如水把两个轻一点的袋子交给她，自己提着行李箱，跟着她去往宿舍楼。

“你就住这儿了，003，这是钥匙。”姑娘十分老到地帮着江如水安排好了行李。

“这里是男生寝室。”江如水说着用怪异的眼光打量她。

“你可以放心，我不是女流氓。”

“我不是这个意思，但这点我相信。”

“你的戒心很重。”那姑娘对着江如水微笑了一下。

“希望你的好奇心不会和我的戒心一样重，另外，你可以走了。”江如水面带愠色，他本就不喜欢女生说太多话。

那姑娘一声不吭地走了，她走后的三分钟，江如水用来忘记关于这个姑娘的一切举动及样貌了。

他爬上上铺，望着天花板，这是他在未来几个月里，每晚都会看着的，应该直到国美校考结束。枕边的手机忽然响起，家庭号码，是妈妈，如水没有怎么思索就按了挂断，随后又抽出了手机卡，十分精准地从上铺扔进了地上的废纸篓里。

让时间埋葬我昨日的烦扰与痛恨，但我不奢求有个像样的明天，因为这些名词都是为懦弱的人准备的吧，明天，我还要接着恨。这是他此刻心里唯一的想法，也别无选择地坚守这个想法。

他起得很早，但是夏天的朝阳已经透过了布满灰尘的窗。他看到了已经脱落了一半的窗帘，给了自己一个警醒。

室友一夜未归，宿管昨夜三次查寝，闹腾到很晚。如水在桌上留了字条，要他及时与宿管联系。他吃过早饭，等着老师来安排。

招生办的老师领着他上了教学楼，进了第一教学区。

“你就在×省班学习吧，这是目前我们这里成绩最好的一个班。”

“谢谢。”

“客气。”她说完，留下了本学校介绍给如水，走了。

学校按照省份分班级，每个班级分配一名班主任与两名任课老师，分别执教速写、素描、色彩。倒还算专业，如水这样想着。

见过班主任，是个年轻人，姓刘，穿着落阔的夏装，如水没法从外表看出他的为人，只是拘谨地问候了一下，便在教室里找了个空当，打开了自己的折叠椅子。周围没人愿意抬头看一眼自己，都低着脑袋练着速写。

“快写十八张，中午之前完成。”刘老师只是布置了任务，周围的人十分默契地移动了位置，空出了教室中央的部分，班干部对着名单开始喊人。

“等等，让新来的做模特。”

如水并不情愿，心中有种新生被老生欺负了的委屈。他走到中央，做了一个别扭的姿势。另一个姑娘也走了上来，与他背靠背，使他感受到熟悉。

班干部每隔五分钟让两人换一次姿势，如水很尴尬，因为平时很安分，没什么大动作，倒是身后的姑娘十分大方。

“下课休息一下。”刘老师在如水换了不知多少个姿势后发话。

如水倒在折椅上，揉搓着肩膀，却看到周围的人都纷纷伏在了自己的膝盖上休憩了。

“很累吧？”

“哦，是你。”是昨天的姑娘，如水回忆起这声音，“一点点。等等，你是学生？”

“何彦。”

“江如水。”

“你刚才是在惊讶？”何彦发问，略带调笑。

“你有疑惑？”

“只是觉得你这样的人，不会有这样的表现。”

“我不是圣人，何况，这惊讶应该是你意料之中的吧，何必故作姿态。”如水很想快点结束对话。

“肆意猜测别人对你有害无益。”不等如水再次开口，何彦硬生生又说了一句，“无所谓不代表这不是事实。”

正想说“无所谓”的如水愣了一下，随即反驳：“你不也一样吗？”

“这么说，我猜对了？”何彦又开怀地笑了笑。

“这并不难猜。我只是认为，这有意义吗？”如水虽然不情愿，但却不自觉地与何彦聊了起来。

“意义在于我认为这有意义。”

“唯心思想？”

“浪漫主义。”

“真敢往自己脸上贴金。”

“你是在担心我贴了太多金，让你脸上无光吗？”何彦似乎开始得意于这种微小胜利带来的快感。

“你在陶醉。”

“陈述句还是疑问句？”

“这并不能代表你的言谈多具艺术性，何况你先前就已经质疑过我的疑问句，如此看来你于此尚且不算自信，所以而今，这样的谈话还有意义吗？”

何彦冲着如水眨巴了两下眼睛：“抱歉，我忘情了，只是很久没有这么愉快地交谈了。”

“你在寂寞，你浪漫的思潮得不到发泄，因为这世间多的是理性到了没有人性的人。”

“啊，这是代表轮到你的时候了吗？”

“如果是那样，my pleasure。”

“呵呵。”何彦咧嘴笑了起来，“真逗。”

如水也忍不住弯了弯嘴角：“我也委实难得会有逗人笑的时候。”

“快上课了，等下一起吃饭吧。”

“我不介意。”

此后几日，如水的绘画学习却不见得乐观，眼见着身边的人都在进步，而自己却始终止步不前，他很迷惘。他几次拿自己的速写给班主任看，班主任只是很少地指出了几点意见，却不肯解答他的困惑。如水开始对班主任反感起来，认为他是不负责任的。既然为人师表，却不替人解惑，实在是说不过去。

这是他的看法，他的观念。

但他是不服输的，他擅长思考，他得意于此。

学校规定画室每晚十一点半关闭，如水总是会在所有人走后偷偷溜回画室继续画，同时托了室友，如果宿管来查寝，就说自己在卫生间洗澡。

如水每晚都画到凌晨两三点才偷偷溜回宿舍。

他洗完澡，回到自己的床铺上，身体得到了放松，画画时紧绷的肌肉瞬间得到松弛，但内心，依旧拧巴得如同油条一般，即便已是深夜，可迟迟不能入眠，却依旧早起。

“如水你睡了吗？”有一晚，室友这样询问。

“没。”

“是在想家吗？”

“你在说你自己吧。”

“呵，果然一下子就被你看出来了。”

“我不介意听你说下去，说不定我听着听着就睡着了。”

“还记得我们第一天来的时候吗？那天我一夜未归，其实那晚我出去和爸妈在宾馆里住了，我妈妈特意借了宾馆的厨房，为我烧了顿晚饭，吃上去真的很心酸，像离别宴一样。”

“最苦不过离别。”

“你离开爸妈的时候应该也很痛苦吧。”

“我那不叫离别。”如水咬了咬牙，“是逃离。”

“那他们来找你怎么办？”

如水笑了笑：“杭州转塘近百个画室，等他们找到，估计省联考都结束了。”

“你还真看得开……”

“也许是因为恨吧。”如水说完，心中却是一阵绞痛，疼得他流出了眼泪。

室友不再说话。

他困了，如水却依旧醒着，他不愿意想起父母，然而在这里，他却只与何彦熟识，于是他只能在梦里从何彦处找到些慰藉。

“我觉得你是有故事的人。”一次午餐，何彦有意无意地问到如水。

“人人都有故事，我的故事似乎不像是传统的大艺术家的经历。”

“那传统的大艺术家的经历，所指是什么？”何彦觉得这个名词很滑稽。

“经历过生离死别什么的吧。”如水开始敷衍。

“你是艺术家传记看多了吧，很多都是骗人的。”

“后人的自欺欺人，但不可否认，艺术家用谎言道出真相。”

“《V字仇杀队》，把电影拍得如诗一般。”

“经典电影的艺术性表现于此。”如水很高兴何彦有与自己相同的电影爱好，“然而艺术是包容，这种艺术性用于绘画也是不错的。”

“诗的艺术？”

“时而娱乐大众，时而自我膨胀，终有一日拯救泛滥化的产业艺术，毫无疑问。”

“你志向远大，不过……”何彦又眨了眨调皮的大眼睛。

“什么？”

“你的菜快凉了。”

“哈哈！”如水开怀起来，“那，我用了这一堆有的没的文饰了我的神秘，你呢？”

“哦？”何彦着实没有想到如水会这样问，“你这是对我感兴趣了吗？”

“这要看你怎么理解了。”

“我呀，嘿！我就不告诉你。”

“这种无赖式的撒娇让我觉得很不舒服。”

她起身：“如水，这说明你一点儿都不了解女性。”这一声“如水”，似乎真的就把如水的心化成了水。何彦正要拿起桌上的洗洁精离开，却被如水按住了。

“等等，你的手。”何彦的手腕处赫然一道疤痕，甚至有些发乌。

“喏，被你看到了，所以这也是我不肯说我的故事的理由。”她抽手离去。

第一次速写小测时，如水的成绩很糟糕，勉强及格。他有些急躁，对于刘老师的教学颇有微词。连日来压抑着内心的烦躁不安，他知道这会让他心中的恨意更深，亦会迁怒他人。

如水最终还是和刘老师闹翻了，对于刘老师的置之不理，他不解，他怨恨，如水把错误归结于他，争吵在所难免。

刘老师只是留下了一句：“随你怎么样吧。”转身离开了画室。

迁怒归迁怒，如水心中明白，这只是一个导火索而已，他心中有恨，任何的不如意他都可以转化为怒火。

刘老师一天都没有再回画室，同学们都有意无意地远离如水，只有何彦还坐在如水身后，只敢看着他，因为她也在害怕。

傍晚时分，有一个姑娘跑进画室里闲逛。

“是个小学生，她家是美术世家，有意把她培养到美院附中去，已经在这儿学了有几年了，比很多高中生都画得好。”何彦向如水介绍着。

那姑娘忽而来到如水面前，看了看如水的画，竟装模作样地指点起来：“你这里画错了，还有那里，透视也不对。”

“滚。”如水憋出了这个字。那姑娘显然是生气了，但也只是很委屈地转身离开，估计会去打小报告。

“如水，你也没必要这样。”何彦安慰着他。

“你不明白。”她看到他的眼泪已经滴在了速写纸上。

如水在夜下无人的画室里沉思，他有愧疚。冲动在他心里生根发芽，执笔的手越来越用力，“啪！”软性炭笔笔杆连同笔芯骤然折断，如水的冲动骤然爆发。他拿起这断笔，疯狂地冲自己的手心扎去。

“如水，你疯啦！”何彦冲上来，夺下如水的笔。

“滚开！”如水一甩手，断笔的尖锐部分刺进了何彦的手腕处。

“你怎么在这儿？”如水一边替何彦把伤口用餐巾纸裹起来，一边询问。

“我知道你每天都练得很晚，今天想来开导你的。”

“有意义吗？做不到依旧做不到，我比别人落下太多了。”如水在哭，何彦抱住他，把他搂在自己的胸口。

“我想听你的故事。”

“不是个有趣的故事……”

我很小的时候住在乡下，那时候什么都没有，我唯一的娱乐，就是等着爸妈一年一次从城里给我带点儿书回来，然后我就照着书上的插图临摹，也许我是从那时候开始喜欢画画的吧。

那时我并不知道绘画对于往后的我是如此重要，那时候很单纯。小学，我已经被爸妈接到了城里，四年级我开始接受了稍微正规的绘画训练，但我的父母仅仅指望我画画能考级，能在中考的时候加分，很令人作呕，却十分普遍的想法。可他们并不知道美术对于我来说已经到了难以割舍的地步，我想画，我热爱这门艺术，我想成为一个大艺术家。

从那时起我就开始恨了，我恨他们在玷污我的追求、我的爱。

然而矛盾之处在于，我也理解他们，因为我的家境不足以支撑我学习美术。初三时，我和他们说，我想考美院附中，要先去杭州学一个学期。原本，我连行装都准备好了，可是走之前他们却忽然要我去见一个老师，说是可以给我做思想工作。

那老师举了不少例子，来证明我是考不上附中的，而我竟然也动摇了，并非在于他的那些例子，而在于他的那句："你就不能为了你爸妈考虑考虑？万一你没考上，你的文化课落下了，你就毁了你自己，也毁了你的家庭。"我知道我对于家庭的意义，于是最终还是怯懦地妥协了。三年来，这件事一直都是我心中的坎儿，我对于别人的理解最终葬送了我所挚爱的梦想。所以我恨。

直到来杭州的前段时间，我才从我爸和那个老师的偶然一通电话中发现，原来，当初那老师就是我爸妈找来游说我的，他的那些唬人的例子与道理，如今想来，真是让我备感羞耻。对于他们的恨，让我在那段时间里噩梦连连，但即便如此，我却无能为力，因为我所荒废的三年，是我再也找不回的时间。

你也看到了，我今天对那个小姑娘的态度，因为我讨厌他们，他们如今所拥有的，都是我本该拥有而今却再也找不回的曾经。我嫉妒，我心中不平，为什么我对于艺术有超越常人的热情却得不到最好的教育。

得知真相，我终于有了勇气来这里。我偷了家里的钱，来到转塘，我日日夜夜只晓得画画，即便国美离这里不过十分钟路程，我却连周末都抽不出时间去看两眼。

可我现在却在动摇，在怯懦，我所坚持的坚持摇摇欲坠，而我只有无奈，这真是个悲剧。

“那些不快乐，笑一笑就过去了。”何彦劝慰他。

“人的心脏不受大脑控制，我的命运不掌握在自己手上。”

“如果这样呢？”何彦握住了如水的手，似有一股暖流流入如水悲戚的心。

“呵，确实好受很多。”

“是因为你把憋在心里的话说了出来。”

“抱歉，这样真是委屈你了。”如水离开了何彦胸口的这片温柔乡，手却迟迟不肯放开，“疼吗？”

“哄女生并非你擅长的。”何彦满不在乎如水难得的关心，“以后晚上，都由我来教你吧，总好过你一个人没有目的地瞎练。”

“你能教我？”

“你是在怀疑我的实力？”

“我从不小瞧任何一个人，因为每个人都有着和我同样的执笔方式。”

“今晚我可能不行，你懂的。”她说着向如水示意了下刚包扎好的伤口。

“我明白，今晚我也没心情画画了。”

何彦起身，关了灯，走到窗前，拉开窗帘。月光横斜入里，把画室的景象映照得半明不暗。

“朗朗月光。”如水很是陶醉。

“这个世界已经没多少人会想着来观赏月亮了吧。”何彦满是惆怅。

“因为人都只想着把自己的思绪用在实现自身利益最大化上，深陷于此，所以已经没有时间了。”如水回答。

“几十年的寿命太短，来不及做很多事。”

“如果做的事情有意义，哪怕千万年，依旧会嫌短。”

“就像艺术对于你一样。”

“我们都一样，我们都被同一种热情、同一种思想驱使。”如水望着何彦，望得出神。她穿着一件素色短裙，姣好的身段让人很难不想入非非。

“我今天穿的是什么颜色的裙子？”何彦又微笑了。

“白色。”

“用你大艺术家的眼光。”

“我明白你的用意，色彩课上说过，我们所见的万物，都是光的反射，常人只看得到固有色，艺术生看得到环境色，艺术家看得到心灵的颜色。”

“然而其实我只是想让你回答一个女生都关注的问题。”

何彦说罢，如水起身，接过何彦的手。

“是美的，我所见过的最美的。”

“我受宠若惊。”

如水略微羞涩：“然而人往往用虔诚的行为掩盖着一颗魔鬼般的心，我想我并不例外。”

“何以见得？”

“比如我刚才就一直在思考你裙子下面穿的……”

“江如水！”何彦红了脸，“斯文外表下掩藏了一颗屌丝的心，哼！”说完，便往门口慢慢走，准备离开。

“一道吧，我也困了。”如水不等何彦回答，便牵起了她的手。

一个月后的第二次速写小测，如水有了不小的进步，他从未想到原来何彦在绘画上有这等水平，他带着疑惑和何彦处在一起，但性格使然，他不问，她即使看出了他的疑惑，却也不说。

“我该说声谢谢吗？”

“如果你觉得说句谢谢让你感到很下作，就不用了。”

“你知道我不是这样的人，谢谢。”与何彦相处了不短的时间，如水心中释然了很多。

“其实我教你的东西，不过是一些你之前遗漏的最基本的东西，给了你一个方向而已。刘老师之前的做法有他自己的考量，你不必一直对上次的事情耿耿于怀。”

“你教给我的，他都没教，他有可以让我提升的办法，却不肯教，他确实有他的考量，但这做法枉为人师，让我恶心。”

“你究竟还是戒心太重，不肯相信别人。”

“连我父母都可以欺骗我，我该如何相信别人。”

“那我呢？”何彦很小声地说出了这句话。

“我……”如水竟一时哽咽。

何彦摆了摆手：“算了，我知道这对于你来说很难，但是我相信总会有让你相信的一天。”

“何彦，谢谢。”

“因为相知而产生的理解不需要说谢谢。”

“你急着去做别的事情吗？”如水询问。何彦摇了摇头。

“我大致记下了那天的场景，抽空画了这幅画，你看看觉得怎么样？”

何彦接过画，细细观赏。

“怎么说呢，你只是在放大我脸上的美，然而艺术的美需要对比，美中不足才能更完美。如水，你还嫩着呢，虽然画得不像也不好看，但我还是很喜欢。”

“真是不留情面。”

“对你直白的人，你应该珍惜。”

“你这是另有所指吗？”

何彦垂下了头，面色微醺："随你怎么想吧。"

如水以为他的生活会一直平静下去，可以一直幸福下去。他换了新号码，不知道旧的号码里父母打了多少个电话过来。何彦因为身体不适，近期一直在宿舍休息。

"单调、单调。"如水时常自言自语为自己解忧。

"江如水！"这声音让如水着了慌，他没的跑，他只有面对。

"妈。"如水温声细语地说出了这个字。

"转塘近百个画室，找你的确不容易，但我想你是低估了我们吧。"

"确实是。"如水装作满不在乎的样子，斜眼看她。

如水母亲显然是发怒了："你现在就跟我回去，还好只是这暑假的两个月，你开学回去，课程还能跟得上。"

"回不回去，不是你能替我决定的。"

"我是你妈！"这是母亲用来训斥子女最有效的一句话。

"可你不是我！"如水依旧倔强。

"你以为你来这里学几个月能有什么成绩？能考个什么大学？天真！"

如水双手握拳放在两边，咬牙切齿地说："至少是我自己选择的。"

"你选择的又怎么样！你的命里就没有画画这回事儿，你就这样走了，到了这里，你有没有想过我和你爸爸的感受！你有没有……"

"你们的感受！呵，你们的感受！"如水再也压抑不住了，"我就是考虑了你们的感受，所以才荒废了三年，所以我如今才要这么辛苦，所以现在才要比别人更努力！当年你们叫来了那个老师，以为一席话就能让我动摇，可你们不知道，动摇我的不是那一番话，而是你们的感受！我怕，因为我是家里的希望，你们吝啬到连失败的机会都不肯给我，而我，始终尽自己所能完成在这个家中的义务。你们只会否认我的选择、我的追求，你们自以为是，自作多情，自作主张！”

如水说完这段话，整个画室都安静了，如水的母亲一瞬间瘫坐在地上痛哭起来，如水却面无表情，格外冷酷。

如水的母亲离开前只留下了这样一段话：“如水，你绝对会后悔你的选择的，因为艺术并不属于寻常人家，现实会把你憧憬的小情怀、小热情击碎。这世界种种不公平，你心中不甘又能怎样，去死吗？”

去死吗？这三个字回荡在心中久久不能忘怀，如水没有想到母亲会说出这样的话，就像母亲没有想到如水会这样忤逆她一样。

他又开始动摇了，他还是怯懦的，同他的名字一样，如水。

画室重归宁静，如水发现所有人都用异样的眼光看他，让人羞愤难当。

“江如水，你过来。”刘老师忽然到来。

如水一路上一直询问，刘老师一言不发，两人到了市区的一所医院。

“为什么？”

“你能不能别问了，烦死了！”刘老师忽然发怒。

如水知道刘老师不是肆意发脾气的人，心中顿时有了不好的预感。

何彦躺在病床上，望着天花板。

“怎么了？”如水坐到床边。

“你是个会自责的人吗？”

“如果是针对你，或许会。”如水温柔却显得凄怆地回答。

“嘴可真甜，这时候还想着哄我开心。”

如水走出病房，找到了主治医生，询问病情，结果却是始料未及。

“她原本手腕部分有伤，前段时间被铅笔扎伤，细菌感染了很长时间都没有及时治疗，现在细胞都坏死了，只能截肢了。”

“截肢？医生，你明白右手对于学画的人的意义吗？”如水还在祈求回旋的余地。

“那你明白生命对于一个灵魂的意义吗？”医生很平淡地回答。

如水出来时，刘老师已经在等他了。他还没开口，刘老师已经两巴掌拍在了他的脸上。

“我……”

“进去陪她，以后每个周末都来陪她。”刘老师很是不忍。

再进病房，何彦的目光已经在等他了。

“这次，换我听你的故事吧。”

“你终究还是忍不住。”

“想来我的好奇心跟我的戒心一样重吧。”

和你一样，我也从小喜爱画画。原本我的父母是支持我的，而我，同样没有让他们失望，我有天赋，有抱负，有和你一样的热情。但你可曾听过一句话，自恃过高只是在展示自己的手短而已。我的热情让我迷失了自己，急功近利，总以为自己有本事，忽视了自己最基本的东西。绘画能力的形成，需要量的堆积，而我总喜欢挑战，就像我初见你时，你对我态度不好，我就想挑战你，感化你，了解你。

国美，我复读了两年，这两年里我却一直在迷惘，和你之前的状态一样。我一直让你相信别人，相信刘老师，他始终不肯跟你说太多，是因为怕你和我一样迷失了方向，你需要先从最基本的练起，而不是一蹴而就。

刘老师，其实是我的叔叔。我复读两年，家里已经没有能力再支持我学绘画了，我叔叔看我这么热爱，就让我来这里当接待人员，同时继续学，继续考。

你应该会奇怪我手上那条疤是怎么来的吧。复读第二年，我想再去家里拿钱，爸妈不同意，于是吵了起来，我爸爸发了疯般操起了菜刀，喊了一句："把你的手剁了就再也不会想着画画了。"我想他当时是真的想这么做的吧，可惜没有成功，砍进去一半，后来救护车把我拉进医院做了手术，休养了一段时间也就差不多愈合了。

"等你好了，再一起努力。"如水想安慰她。

"医生不是都和你说了吗？"

"我……"

何彦从被子里伸出了右手，手腕处经过了包扎，残留着些许已经溃烂的肌肤，与周遭嫩白的皮肤相比，仿佛不是一个人的。

她拍拍如水的手。

"别自责，我怕的就是这个，也许有些事，真的是天注定吧，我的命运看来真的不掌握在自己手中。父亲没能做到的事情，你替他完成了，这未免不是一件好事。"何彦握住了如水的手，原本笑容灿烂的脸上也流淌出了泪水，"我对你也是有愧疚的，毕竟我一直和你隐瞒了这些，你看，其实我都快比你大三岁了，却想着你还能接受我……"

如水听完，忍不住泪水，跑出了病房。

"如水！"何彦叫他，他却不忍心回头。

医院走廊上，他反复回想起母亲所说的话。命运所带给凡人的只有身不由己，他此刻甚至开始怀疑起自己当初的选择，原先所坚定的一切，瞬间崩塌了。他甚至不知道自己的思想、自己的热情置身何处。

"我们都无法想象这个世界会变得如何糟糕透顶，美好而又充满希望的美梦，却永远只属于爱做美梦的人。"刘老师不知道什么时候走到了如水身边。

“你是在恨我吗？”

“恨？我哪有那资格，这个问句只有她能解答，但答案却是你我心知肚明的，你需要她亲口说出答案，你的心才会得到救赎。”

“可是我怎么去面对我双手所造的孽呢？我亲手毁了一个和我拥有一样热情的人，这么卑鄙可耻。”没有回答，刘老师已经离开了。

何彦在一个月后做了手术。她醒来见到的第一个人是刘老师。

“我知道你想问他的情况，但不是现在。你父母那边，我还没敢告诉他们。没了右手，你需要一段时间来习惯。”

两小时后，何彦清醒。

“和我说说吧。”

“他的情况并不好。美术成绩一落千丈。”刘老师据实以告。

“这个回答让我很难过，但谢谢你的诚恳。”

“我知道这样做对你和他都好。”

“他，是因为我的缘故吗？”

“不完全是。毁掉一个人最直接的方式是毁掉他的信仰。身体、外在的东西，不过是个象征而已，但可惜，你已经成了他信仰的象征。你教会他坚持，教会他笑，还有什么能比这更打动他的呢？”

“越是充实，到了失去的时候越是空虚……那他什么时候能再来看看我呢……”

这个问题如水心中没有答案，任谁也没有。

“她让我把这个交给你。”刘老师找到了如水。

如水摊开纸，是很扭曲怪异的几根线条拼凑出的一张脸。

“你已经问过太多为什么了，总问为什么的人永远无法长大。这是她对你此刻心中疑惑的回答。她让你自己去找到你想要的答案。”

然而我在逃避，我做了身为一个普通人唯一能做的事，我不是什么大艺术家，热情消磨光了以后，我连自己是谁，算什么都不知道。我怯懦，我自私，明明你所承受的，比起我所遭遇的要凶残百倍，而我却在这里自惭形秽。

这是如水想好的独白，只是当他走到病房门口时，他就把这一切都忘了。他看见，何彦把画具都搬到了医院里，她在用左手画画，尽管画得如此吃力，但却依旧坚定。

何彦看到了门口的如水，又习惯性地笑了起来。

如水用她教给他的微笑回答着，却又转身离开。何彦知道，他又要很长时间不来了。

“请你教我。”如水站在刘老师的面前，深深地鞠了一躬。

“你是我未尽的义务，然而这义务需要相互信任。”

“已不再回响的心里，此刻却保持了尘封已久的热情，迷惘过后重新见到太阳却依旧保持活力。她用她的一切教会了我信任。”

几个月走过，仲夏的阳光化开来，来年的二月，各地的人聚集到杭州国美，人人打着伞，像是葬礼，小雪未歇。

“明天就要国美校考了。”医院里何彦对如水说。

“我会紧张，会焦虑，但是不会再退缩了。这是我这几个月里抽空画的。”如水递给何彦一张纸。

何彦看毕：“即便你现在技法更加纯熟，水平更高，但你却再也没法用那时看我的方式来看我了，你心里充满理性，已经不再是当初那个大胆发觉我的美的如水了。而我宁愿你一直像曾经那样看我。”她摇摇头。

“如水，过来。”何彦向如水伸出了左手，他接过，“我们……”

“我对你全部的心思你都能猜到，让我吻你。”如水说罢，在何彦唇边浅浅一吻。

“你吻了一个比你大三岁的老女孩。”何彦又笑了。

“可她和我一样，拥有一颗坚定而年轻的心。”

如水走了，何彦看着他的背影，她不笑了，最苦不过离别，她知道这是离别。

从身边拿来纸笔，他需要一个真相和一个告别。她望望转塘的天空，那么灰。

如水，我生命里第一次知道了未来的命运如何，化成沙子，融进泥土里，从此大地的每一处都有我的足迹。原谅我的选择，不能画画了，我别无选择。我的生命里有了你，我把你当作我最杰出的作品，我想我可以，哪怕是我觉得我可以称得上小艺术家了吧，大艺术家，只能由你来实现了。如水，我只希望你别再恨了。也许你是时候去爱了。

如水，生与死，理应是这世上最美的艺术，我们怀着希望来到世上，带着希望或者绝望离开，犹如日月起起落落的美。记得那句台词吧：艺术家用谎言道出真相。原谅我用谎言修饰了我的懦弱，我爱笑，是因为笑容可以掩盖我的怯懦。你从没说过你爱我，但我想我是爱你的。你不了解女性，所以你总以为我能明白你的心思，可我就算明白又如何呢？倒不如你一句话来得让我心安。

让我像一个艺术家一样死去，请你珍惜这来之不易的坚强……

他回过神来，已是很多年后的事情了。

如水难得回来看看尚形画室，正准备离开。

“如水！”刘老师的声音让他停步。

两人坐在台阶上聊了起来。

“何彦走后，我以为你再也不会回来了。”刘老师说。

“我也想，但当命运掌握在自己手中时，却又希望能任由它去。今天是我的画挂在学校墙壁上的日子，算是纪念吧。”

“把那幅画改个名字吧，何彦说她只想当个小艺术家，大艺术家是你。”

“何彦，这就是你所具有的艺术性吧。”如水望了望转塘不是很干净的天空，“我这就去。”

声声慢

当现实折过来严丝合缝地贴在我们长期的梦想上时，它盖住了梦想，与它混为一体，如同两个同样的图形重叠起来合二为一一样。

——普鲁斯特

故乡、少年、乞丐

文/周齐林

城市的喧嚣随着深夜的到来，如潮水般渐次隐退而去，只听见汽车穿行而过发出的声音。

四处流浪的乞丐，穿越一个又一个村落，在某个晚霞满天的黄昏，他们忽然停下脚步，像是回到阔别多年的故乡一般，长久地驻足下来。冥冥之中，像是有一种熟悉的气息牵引着他前行，而后又让他放慢脚步。一个人与一个村庄，也存在着缘分之说，乞丐也不例外。那么多乞丐步履匆匆，左右张望，有那么一两个却最终停留下来。停留的时间有长有短，短则几天几个月，长则几年几十年。在时间的过滤之下，短暂的停留被定义为村庄的过客，长久的停留则被定义为一种宿命或者缘分。通常，这种停留是长久的，不多，就那么一两个或者两三个乞丐，他们十年或者几十年生活在一个村庄，由浅而深，直至与村庄融为一体。

乞丐，就像一个补丁，给一个村庄涂抹上最真实的色泽，弥漫着一股最原始的乡土气息。就像一个扛着锄头的农民迎着晨曦下地，在缕缕晨风的吹拂之下，衣服上的一两块补丁清晰可见，却毫不碍眼，反而给人以亲切之感。一两个补丁，却轻易就让人闻到了泥土的气息。在时间的漂白与清洗之下，衣服逐渐失去固有的色泽，补丁却早已成为衣服的一部分。当一个乞丐在一个陌生而又熟悉的村庄长住下来，年复一年，在时钟的嘀嗒声里，村庄早已接纳他，他生命中的点点滴滴也渐次在时间的嘀嗒声里融入村庄深处。

在寂寥的雨巷或者静谧的午后，瞎姑身上挂着灰旧的布袋，手拄拐杖，在小巷深处缓缓前行。每走几步，她便叫喊一声："哪家有饭吃吗？"声音喊出来，尾声拉得很长，像一条抛物线，行至顶端，很快又跌落下去。声音在村庄深处回荡，细长而又悠远。

在云庄，瞎姑就这样行乞着，日复一日，年复一年。从我记事起，瞎姑就已经在故乡云庄。她在云庄待了三十多年了。凭着十分微弱的视力，她拄着拐杖，微弓着身，缓行在青石路上。在时间的打磨下，拐杖散发出圆润的光泽，落在石间，发出嘚嘚的响声。

幼时，村里的小路旁有一些粪坑，每次瞎姑端着瓷碗在村庄的小路上缓步前行，一脸调皮的我们便大声叫喊着："走错了，前面是粪坑，要往右走。"起初，瞎姑听信了我们的话，迈步往右走，手中拄着的拐杖一下落空，瞎姑一个趔趄，险些跌倒在地。一旁的村里人见了，大骂着："你们这些浑孙，就是欠揍。"瞎姑站稳身子，默默不语，像是还陷落在适才的那阵虚惊之中。受了一次惊吓后，瞎姑便再也不相信我们了。等我们再次一本正经地朝她叫喊着"走错了，走错了"时，瞎姑忽然一个转身，快速走了几步，手中的拐杖落在地上，发出急促的响声。面对一脸狰狞的瞎姑，调皮的我们吓坏了，扭身欲跑。刚跑了几步，身后忽然几声大笑，我们停下脚步，回头一看，只见瞎姑一脸怪笑地看着我们落荒而逃，很是开心的模样。

晚霞满天的黄昏，瞎姑在外行走了一天，倘若毫无所获，便端着瓷碗，沿着小巷，一家一家叫喊开来，隔着眼底微弱的光线，她在小路上三步一停五步一顿，紧凑而有节制，通常在每家门口叫喊一声，等候片刻，无人回应，她便继续往下家走。此刻正是晚饭时间，庄里柴门虚掩，缕缕炊烟升起，在天际间徜徉飘荡，几条黄狗匍匐在地，在微凉的晚风里偶尔摇晃着尾巴。“哪家有饭吃吗？”瞎姑抑扬顿挫地叫喊着，声音扯得很长，一声紧接一声，声音铆着一股劲冲到云端，最后又跌落谷底，随风弥漫到整个云庄，留下阵阵余音。有时喊声刚停，有窸窣的响声传到瞎姑耳边，瞎姑顿时心领神会，一丝微笑挂在嘴角。很快，瞎姑碗里便盛满了热腾腾的饭菜。喊声顿时停了下来，有小孩抓着几把米跑过来，放进瞎姑的布袋里，瞎姑喊着“够了够了，可以了”，而后一脸满足地抱着饭碗回家了。

瞎姑住在庄里一个废弃的小屋里，屋里陈设简陋，一床一席一桌，外加几个小板凳。瞎姑原本露宿在庄里的街道上，风里来雨里去，弄得满身污垢，庄里人见她可怜，便把这个早已废弃多年、落满灰尘的小屋给她暂时作为栖身之所。

十五岁那年，瞎姑在尘世上仅剩的亲人悄然而逝，整个世界仿佛坍塌下来，漆黑一片。她摸索着父亲的面容，触摸到眼角溢出的一滴泪，那股凉意瞬时沿着肌肤的纹路蔓延开来，直至全身。因了父亲，她内心幽暗的世界仿佛被一道烛光点燃。现在，父亲悄然而逝，那股光亮渐次隐遁，她的世界仿佛变得愈加黑暗起来。她变得愈加郁郁寡欢，不知所措。一整天，大段大段的时间，她深陷在过往之中，一脸漠然。

瞎姑变得有些神经质起来，在一个雨水纷飞的午后，她跑了出去，独自开始了流浪。当人们开始察觉已经多日不见她的身影时，她早已远离故土，奔走他乡。她经常自言自语，像是被悲伤深深袭击到某个穴位，失去了固有的精气神，变得疯疯癫癫。“又瞎又聋的癫婆子！”路人从身上满是污垢弥漫着一股异味的她身边经过，啐上一口，狠狠地骂了一句。在他人面前，她逐渐演变成一个又疯又聋的符号。

当瞎姑一脸疲惫地抵达一个贫瘠的村庄时，一个大龄男人把她领回了家。

这是一个寂静的午后，阳光倾泻而下，大地一片灰白。大龄男人递给她一块西瓜，一股清凉瞬时流淌开来，她干枯的躯体像是一片蜷缩的茶叶，在水中渐次舒展开来。男人对她很好，给她吃喝，她疲惫的心得到舒缓，最终选择留了下来。她很争气。在一个电闪雷鸣的午夜，她顺利产下一个男婴。一声啼哭，像是一道光亮，瞬时把她内心的幽暗一扫而光。她抚摸着从她身上掉下来的这一团肉，感受着他脉搏的跳动，一股强有力的力量开始在她内心深处根植起来。男人对她愈来愈好，舍不得让她下地干活，每天炖汤给她喝，她瘦弱的身躯日渐变得白嫩结实起来，饱满的乳房流淌出鲜香的乳汁，怀抱之中的孩子不停地吮吸着。声声啼哭变成了咿呀学语，变成从孩子口中发出的清脆的笑声，她听着这些声音，内心无比柔软幸福起来。

孩子近一岁半时，一个清凉的早晨，瞎姑在男人的牵引下上了小巴车。她生平第一次坐小巴车，在车上，男人紧握着她的手，她渐渐感受到车子启动，在晨风中飞驰起来。在飞驰中，她心底欢愉不已。汽车一路颠簸，她昏昏沉沉地睡去。再次醒来时，手一摸，却发现一旁的座位空了，她呼喊着男人的名字，却始终没有得到回应。她下了车，身边响起嘈杂的响声，眼前一片黑暗，心底一阵恐慌。她仿佛听见了孩子的哭声，哭得愈来愈凶，声嘶力竭。循着孩子的哭声，她风餐露宿马不停蹄地回到村庄，回到孩子身旁，却最终一次又一次地被婆婆赶了出来。她在房子四周久久地徘徊着，风吹草动，每一个细微的响声到她耳边，都让她揪心不已。

她死心了，在一个微雨的黄昏，她静静地离开村庄，又开始了自己的流浪生活。她站在村头，久久地凝望着孩子的方向，眼里满是泪水。她的手微微颤抖着，脸上挂着茫然。

瞎姑最终流浪到了云庄，并在这里长留下来。在云庄待了三十多年的瞎姑早已熟悉庄里独有的气息和温度。庄里人从她身边走过，叫一声她的名字，她便会喊出对方的名字。她已融入云庄深处。庄里人早已把她当作一员。

瞎姑弓着身，在雨巷行走，缓步前行，拐杖落在青石板上发出清脆的响声，余音缭绕。昏黄的灯光把她的影子拉得很长，落在青石板上，如一团暗影。除了行乞时的叫喊，她基本默默不语。她的世界仿佛寂静无声。白天，她一路缓行，马路上的汽车呼啸而过，扬起的灰尘落在她身上，她沉浸在黑暗与寂静之中，仿佛听见尘埃飘落而下，停在她衣服间发出的声音。听着庞大的汽车从她身旁呼啸而过发出的尖锐声响，她时常感觉自己如尘埃般四处游荡。

黄昏时分，瞎姑一脸疲惫地归来，喝下一瓢清凉的井水，焦躁的内心仿佛舒缓了许多。黑夜渐次蔓延开来，落在她脸上，像眼前蒙着一块厚厚的黑色纱布。一整个夜晚，她默默咀嚼着内心的疼痛，浮上来又沉到底端。

一次外出行乞，瞎姑跌倒在地，被村里路过的瘸腿老王扶起来。她摔破了膝盖，老王把她一路送回了家。瘸腿老王年逾五旬，自小家境贫寒，父母双亡，一生未娶。自从那一摔之后，瘸腿老王一步一停，隔三岔五就会去看望一番她，手里拎着水果或者家常菜，安静地坐在屋中摇晃的小板凳上，跟她聊聊家常，已往寂静冷清的屋子顿时多了几丝烟火气息，热闹了许多。她听在耳里，从过往的点滴印象和此刻沙哑的声音中，揣摩着眼前这个人的面容。她忽然一笑，久受伤害的心仿佛因此而温暖了许多。

命运渐渐出现了一些转机，瞎姑感受着眼前这个老男人的好，最终与他走到了一起。当瘸腿老王一路呵护着牵引着她行走在云庄的青石板路上时，庄里的人顿时惊诧不已。他们没想到，眼前这两个人走到了一起。转瞬，他们眼底的那丝惊诧便成为一种浅浅的祝福。他们都为她感到高兴，觉得她生命里出现了一个引路人，这样她便不再会深陷在人生的泥淖里而无法自拔。

生活里多了一个女人，瘸腿老王变得更加勤快起来，时常晨曦微露，庄里人便会看见他瘸着腿一步一摇地往庄后的山上走去。老王又去山上采药了。药采集下来，晾干，他便卖给庄里附近的药店。庄里开始不见她的身影，她终日待在家里，院里一有什么响声，她便摸索着出门，朝外张望着。她以为是老王回来了。她静坐在院落的板凳上，脸上挂着丝丝红润，缕缕微风袭来，院落里凉意袭人。

瘸腿老王，这个大半辈子不知女人是何滋味的老男人，一脸绝望地以为这一辈子再也娶不到一个老婆了，像捡到一个宝贝般，帮她时刻捂着心尖，让她的心时时温暖着。黄昏时分，收拾完饭碗，瘸腿老王便跛着双腿，牵着她的手，行走在炊烟四起的云庄小路上。

只是好景不长，在一起还不到一年，瘸腿老王上山采药时，一不小心跌落下来，被送到医院时，鼻尖便没了气息。她想着老王的好，眼前顿时又是一片黑暗了。

许多年后的今天，我从异乡回到故乡，回到云庄，在庄里转了一圈，却始终不见她的身影。瘸腿老王家的房门紧锁，早已落满灰尘。回到家问母亲。母亲说，瞎姑前年就已经被她儿子接回老家了。我听了，顿时一阵惊讶，心底却为瞎姑的归宿暗自高兴起来。

那确实是一个特殊的日子。那天她从睡梦中醒来，听见附近响起噼里啪啦的鞭炮声，震耳欲聋，鞭炮声里锣鼓声声，空气里弥漫着丝丝喜庆的气息。瞎姑拄着拐杖，带着满腹饥饿循声而去，在空气中残余的火药味里，她听见屋里人声鼎沸。她在门口站了不一会儿，一个年轻的女孩便把一个装着新鲜饭菜的白色塑料袋递到她的手中，紧接着又往她手里塞了四个鸡蛋。她把鸡蛋放入袋中，便转身往回走了。她深知，这样一个嫁娶迎亲的日子，自己这样一副面容出现在人家门口，很不合时宜。在回去的路上，鞭炮声又噼里啪啦地响了起来，一阵热闹之后转瞬便归于寂静。她想着自己作为一个女人，穿上婚纱的那一刻该是怎样一番美景。她沉浸于这样的幻想里，脚底像踩着棉花，整个人也跟着飞升起来。

几天后，一个年逾三旬的男子走进她的家门，大喊了一声：“娘，我找你找了好多年了。”男人扑通一声跪在她身旁，泪流满面。她心底顿时一阵颤抖，来不及转身，儿子便上前一把把她搂在怀里。恍惚中，她又想起多年前的那一声啼哭。她紧紧地抱着眼前这个孩子，抚摸着，双唇微微抖动，眼角溢出一滴泪来。很快，儿子紧紧牵着她的手，离开了云庄。原来是一个来参加婚宴的老人认出了瞎姑，老人恰好住在瞎姑儿子所在的那个镇。

瞎姑离开了云庄，她的身影却镌刻在云庄。时常，我躺在暗夜深处，在记忆的深井里打捞过往，轻易间就会看见瞎姑一步一停的身影，仿佛拐杖再次落在青石板上，发出清脆的响声。

许多年后，我从异乡归来，回到故乡云庄，在云庄转了一圈，却不见乞丐的身影。次日我去隔壁的村庄拜访好友，两人在绿意盎然的村庄小路上转了一圈，依旧不见一个乞丐的身影。寂寥冷清的村庄，狗吠声从小巷深处传来，听在耳里却满是苍凉之感。那种千百年来固有的温馨感和所象征着的诗情画意早已荡然无存。几天后，当我从云庄回到南方工业小镇，回到人来人往汽车左右穿梭的城市森林，看着一个又一个乞丐的身影从我身边飘然而过，我终于幡然醒悟：他们长途跋涉，声势浩荡地来到了异乡。

初到异乡的几年，我脑海里经常会浮现瞎姑的身影。那个燥热无比的夏天，身无分文的我静坐在天桥下等着朋友的救援。一整个晚上，一路奔驰着呼啸而过的汽车在我头顶发出轰隆的响声。那个晚上，瞎姑的身影在我头顶盘旋。我想着曾经居无定所的瞎姑，每个深夜行走在故乡的大街上，然后躺下来。远远地便会看见一团浓重的暗影斜靠在墙壁上，蜷曲着的躯体偶尔翻动几下。躺在天桥底下，想着瞎姑的模样，心底忽然不再感觉自己是孤身一人了，焦躁的内心世界也跟着安静了许多。

城市的喧嚣随着深夜的到来，如潮水般渐次隐退而去，只听见汽车穿行而过发出的声音。远处霓虹灯闪烁，依稀在暗夜深处发出微弱的光芒。

火车发出一声沉闷的汽笛声，像是久经长途旅行后的一声喘息。随着人群的蠕动，我跳下火车，缓行出站。验完票，走出站，心底却忽然涌起一丝恐慌。朝广场四周张望了几眼，我暗自加快了步伐。正暗自庆幸即将离开火车站广场时，两个满脸乌黑、衣衫褴褛的小女孩像是从天而降般，忽然紧紧地抱住了我的双腿，让我步履维艰。她们假装无辜地望着我，一脸可怜地说：“叔叔，家里没钱，上不起学，可怜可怜我们吧。”我厉声呵斥了几句，却收效甚微。她们的双手松缓了些许，转瞬却又把我抓得紧紧的。骑虎难下，备感无奈。我迅速掏出十块钱，她们见了，赶紧抢了过去。我瞅住空隙，赶紧拎着行李，匆匆上了一旁的出租车，如释重负。隔着车窗玻璃，我看见适才那两个小女孩很快躲到了暗处，不久又故伎重施紧紧抱住了一个中年妇女。

出租车来到汽车总站，缓缓停了下来，我掏出钱包付完车费，一个人殷勤地帮我打开了车门。我抬头一看，是一个手脚健全，却端着瓷碗，衣衫褴褛的乞丐。我内心涌起一丝反感，匆匆提上行李，头也不回地朝售票大厅奔去，不料身后却传来一声叫骂：“娘的，又碰到一个小气鬼，门又白开了。”我转身瞪了乞丐一眼，咬着牙，恨不得冲上去扇他一巴掌。

有那么一段时间，我无所事事地跟踪着一个乞丐，看着他在烈日下暴晒，在雨水里缓步前行。人少的地方他匆匆而过，人多的地方便长久地留下来。我紧跟其后，在市中心车来人往的拐角处，我看见他跪了下来。他跪在地上，头低了下去，嘴唇几乎触碰到满是灰尘的地面，残缺的右手捧着瓷碗伸到人前。跪累了，瞅着没人的空隙，他快速转换着姿势。他长久地跪在地上，耳边响起各种各样的脚步声，或急促或悠缓，这些声音都一一过滤掉了，随之几枚硬币落在碗间发出的清脆声，顿时让他兴奋不已。站在不远处，我轻易就捕捉到了他脸上表情的细微变化。打一枪换一个地方，两个小时后，他又前行到商业街跪了下来，整个身子纹丝不动，像一尊雕塑，细密的汗珠爬满额头，很快又湿遍全身。

夜色降临时，他站了起来，腿微微颤抖着，开始一路往回走，我一路猜想着他的住所。尾随至一个暗影深处，我看见他换了新装，最后住进了附近一家档次尚可的酒店。这个发现，顿时让我内心震撼不已，以致我很长一段时间，看见跪着的乞丐，都视而不见。

几个月后，一个人迹稀少的雨夜，我和友人从公园旁的马路上经过，见一个衣着单薄的乞丐蹲在一旁的墙沿下避雨，左手燃着的烟屁股冒着一丝火星，他紧捏着，仿佛能从指间燃烧着的火光里汲取到巨大的暖意。从他蜷曲的模样里，我仿佛看见那一丝丝暖意沿着他的指尖攀爬而上，很快便抵达他的全身。再细看，他的右袖管却空荡荡的，随风摇摆。我和朋友朝乞丐看了几眼，他低着头，眼神低沉而忧郁。快走过公园时，朋友和我又退了回来。我们走到乞丐的面前，各自掏出五十块钱递了过去。他一脸惊讶地看着我们，脸上带着一丝慌乱，转瞬却又镇定下来，缓缓地朝我们摆手。友人见此，顿感无趣，见他在抽烟，从裤兜里掏出一包高档香烟递了过去，不料他很快就递了回来，嘴里不停地说着“我自己身上有”，边说边起身离我们而去。此后，在往返单位的路上，经常会看见这个右手残缺的乞丐，左手挎着一个白色塑料袋，双眼不停地搜寻着马路上被风扬起的垃圾。

这个显得有些另类和特别的乞丐，他终日穿着一件灰旧发白的衣服，丝毫不像其他终日下跪的乞丐那般，他始终以捡破烂为生。看着他如弓的身影，我忽然想起雨巷之中的瞎姑。

一个又一个乞丐在城市之间穿梭，在人群里左右张望，真假难辨。他们以农村包围城市的策略，安身于城市的各个角落。他们的色调保持着惊人的一致，仿佛经过商量一般，浑身沾满污垢，刻意把自己身上的残疾和疼痛撕扯开来，暴露人前。这种毫无顾忌的裸露，往往能给人以震撼之感。在强烈的视觉效果之下，博取的是无数同情和怜悯，然而在时间的检验下，这一切又以惊人的一致转化成冷漠和麻木。

满脸灰尘的乞丐行走于城市的高楼大厦之间，时常会让我莫名地想起千里之外的父母亲。然而，当行乞成为一种职业、表演和秀场，便沦为了肮脏与欺骗的代名词。

始终有那么几个真正的乞丐，他们有着凄惨的身世，混杂在庞大的乞丐群中，在夹缝里生存着。你停下脚步，细心倾听，就能听见他们浓重的喘息声。

每一个乞丐身后都藏着一个村庄的背影，他们带着大地的经络来到城市，泥土的气息转瞬间便化为乌有，膨胀的欲望开始充塞于他们的血管与经络之间，横冲直撞，肆无忌惮。那些曾经在他们骨子深处流淌的纯朴气息早已被涤荡得毫无踪影。

躺在城市深处，当我一遍又一遍地在记忆的深井里打捞时，瞎姑在故乡的雨巷缓缓前行的身影便浮上心头，难以抹去。她的身影在城市中央洇散开来，变成一幅充满象征意味的人生图卷。

图书在版编目（CIP）数据

在丢失睡眠的夜里等你 / 方达主编 .—武汉：湖北教育出版社，2017.2

（盛开）

ISBN 978-7-5564-1306-5

Ⅰ.①在… Ⅱ.①方… Ⅲ.①作文—中学—选集
Ⅳ.① H194.5

中国版本图书馆 CIP 数据核字（2016）第 296402 号

出版发行　湖北教育出版社
邮政编码　430070
电　　话　027-83619605
地　　址　武汉市雄楚大道268号
网　　址　http://www.hbedup.com
经　　销　新华书店
印　　刷　河北鹏润印刷有限公司
开　　本　700mm×990mm　1/16
印　　张　17
字　　数　265 千字
版　　次　2017 年 2 月第 1 版
印　　次　2017 年 2 月第 1 次印刷
书　　号　ISBN 978-7-5564-1306-5
定　　价　29.80 元